AF478988

SERIES ZAGZIG

DIRECTED BY
PHILIPPE LANGLOIS & FRANK SMITH

LORIS GRÉAUD
CROSSFADING

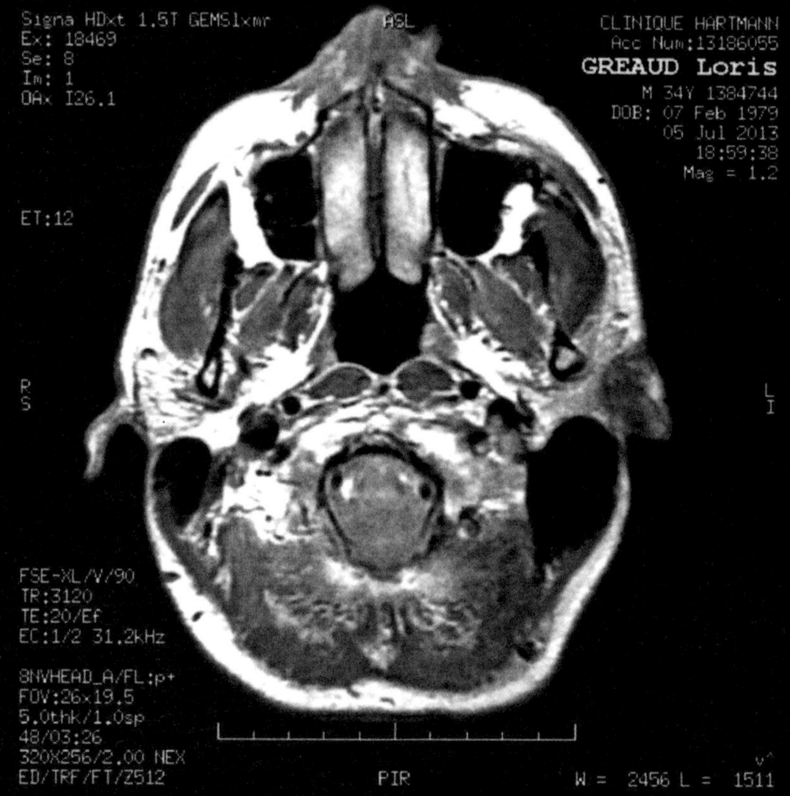

Signa HDxt 1.5T GEMS1xmr
Ex: 18469
Se: 8
Im: 1
OAx I26.1
ET:12
FSE-XL/V/90
TR:3120
TE:20/Ef
EC:1/2 31.2kHz
8NVHEAD_A/FL:p+
FOV:26x19.5
5.0thk/1.0sp
48/03:26
320X256/2.00 NEX
ED/TRF/FT/Z512
ASL
CLINIQUE HARTMANN
Acc Num:13186055
GREAUD Loris
M 34Y 1384744
DOB: 07 Feb 1979
05 Jul 2013
18:59:38
Mag = 1.2
R
S
L
I
PIR
W = 2456 L = 1511

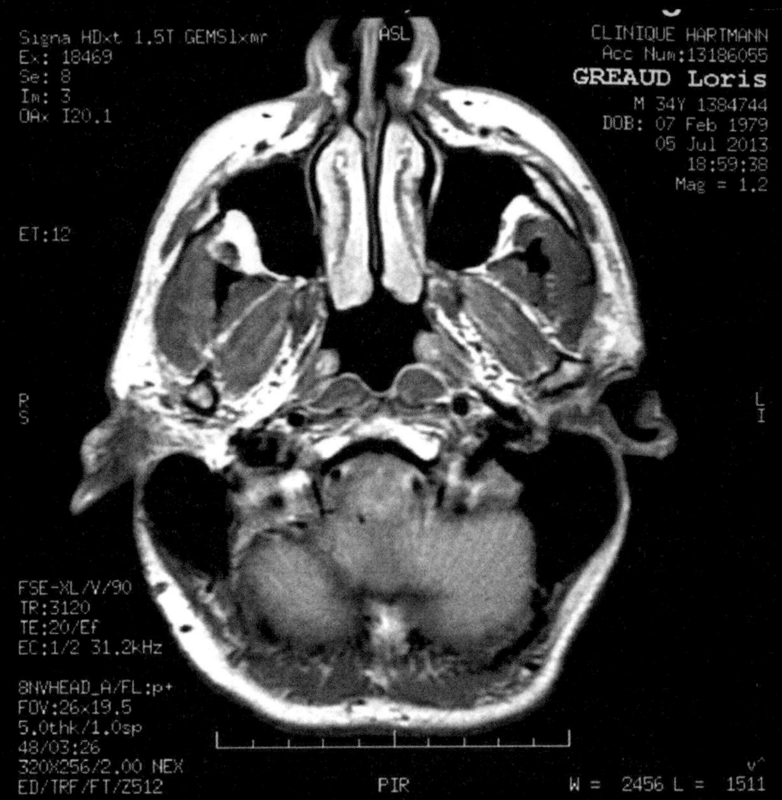

Signa HDxt 1.5T GEMS1xmr
Ex: 18469
Se: 8
Im: 3
OAx I20.1
ET:12
ASL
CLINIQUE HARTMANN
Acc Num:13186055
GREAUD Loris
M 34Y 1384744
DOB: 07 Feb 1979
05 Jul 2013
18:59:38
Mag = 1.2
R
S
L
I
FSE-XL/V/90
TR:3120
TE:20/Ef
EC:1/2 31.2kHz
8NVHEAD_A/FL:p+
FOV:26x19.5
5.0thk/1.0sp
48/03:26
320X256/2.00 NEX
ED/TRF/FT/Z512
PIR
W = 2456 L = 1511

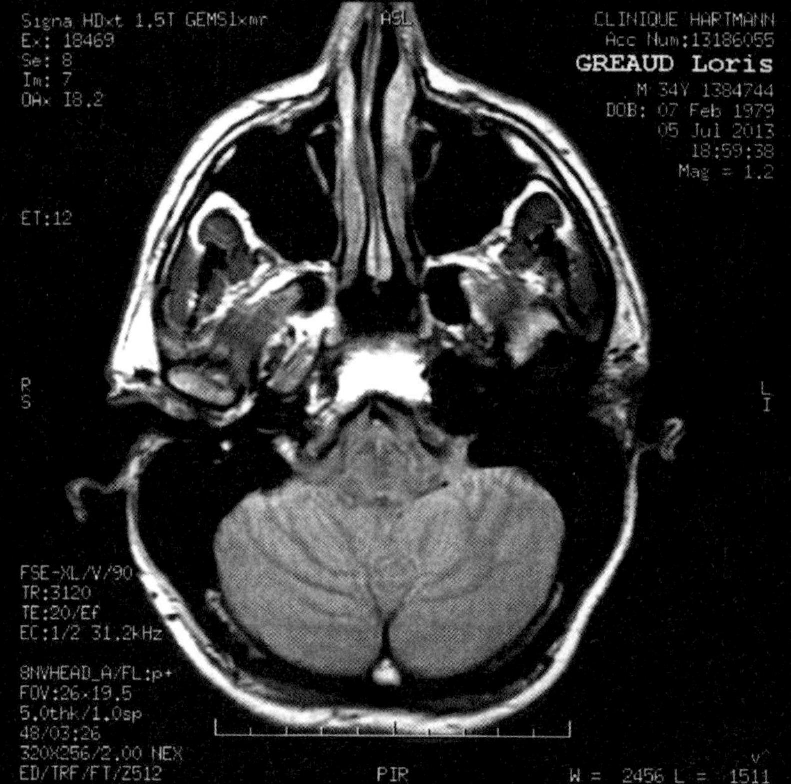

Signa HDxt 1.5T GEMS1xmr
Ex: 18469
Se: 8
Im: 7
OAx I8.2
ET:12
R
S
ASL
CLINIQUE HARTMANN
Acc Num:13186055
GREAUD Loris
M 34Y 1384744
DOB: 07 Feb 1979
05 Jul 2013
18:59:38
Mag = 1.2
L
I
FSE-XL/V/90
TR:3120
TE:20/Ef
EC:1/2 31.2kHz
8NVHEAD_A/FL:p+
FOV:26x19.5
5.0thk/1.0sp
48/03:26
320X256/2.00 NEX
ED/TRF/FT/Z512
PIR
W = 2456 L = 1511

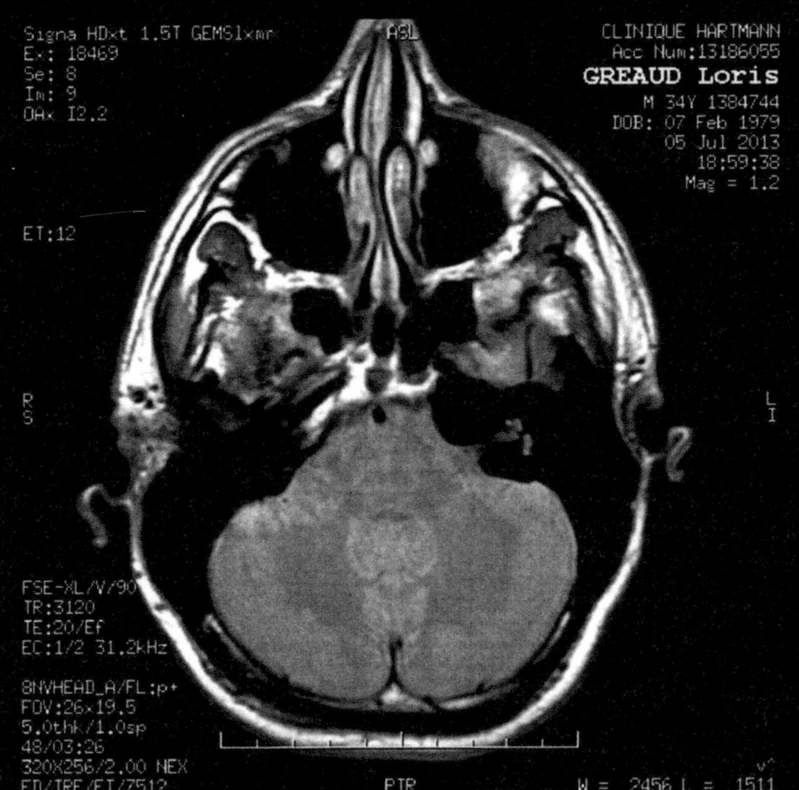

Signa HDxt 1.5T GEMSlxmr
Ex: 18469
Se: 8
Im: 9
OAx I2.2
ET:12
R
S
FSE-XL/V/90
TR:3120
TE:20/Ef
EC:1/2 31.2kHz
8NVHEAD_A/FL:p+
FOV:26x19.5
5.0thk/1.0sp
48/03:26
320X256/2.00 NEX
ED/TRF/FT/Z512
CLINIQUE HARTMANN
Acc Num:13186055
GREAUD Loris
M 34Y 1384744
DOB: 07 Feb 1979
05 Jul 2013
18:59:38
Mag = 1.2
L
I
PIR
W = 2456 L = 1511
ASL

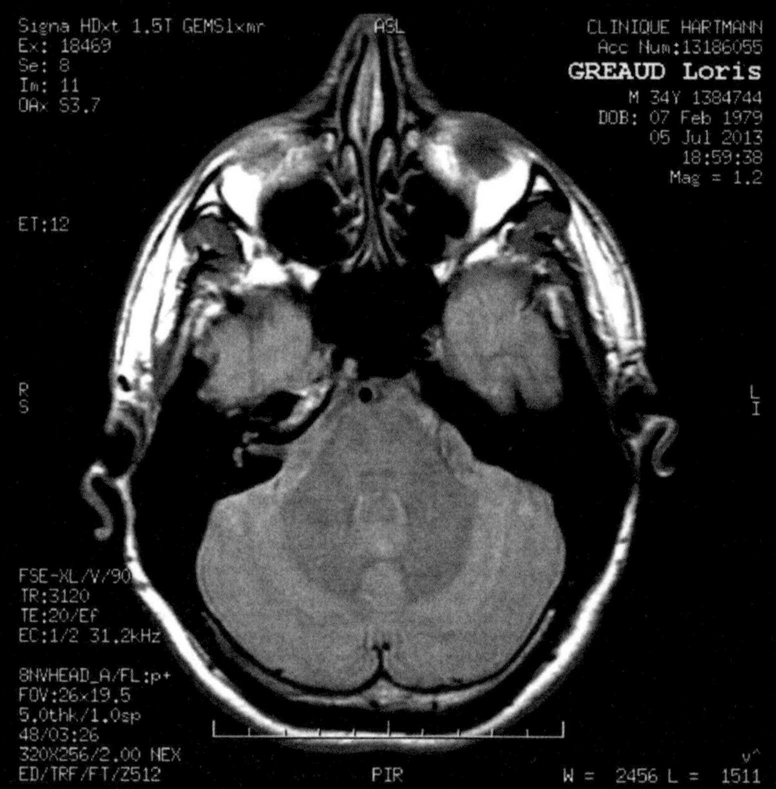

Signa HDxt 1.5T GEMSlxmr
Ex: 18469
Se: 8
Im: 11
OAx S3.7
ET:12
ASL
CLINIQUE HARTMANN
Acc Num:13186055
GREAUD Loris
M 34Y 1384744
DOB: 07 Feb 1979
05 Jul 2013
18:59:38
Mag = 1.2
R
S
L
I
FSE-XL/V/90
TR:3120
TE:20/Ef
EC:1/2 31.2kHz
8NVHEAD_A/FL:p+
FOV:26x19.5
5.0thk/1.0sp
48/03:26
320X256/2.00 NEX
ED/TRF/FT/Z512
PIR
W = 2456 L = 1511

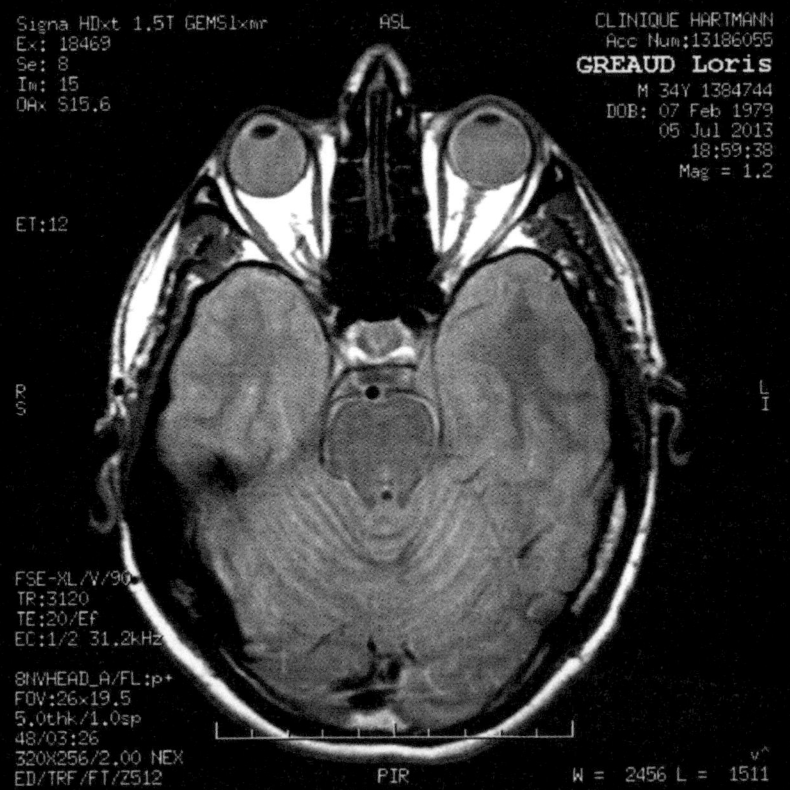

Signa HDxt 1.5T GEMSlxmr
Ex: 18469
Se: 8
Im: 15
OAx S15.6
ASL
CLINIQUE HARTMANN
Acc Num:13186055
GREAUD Loris
M 34Y 1384744
DOB: 07 Feb 1979
05 Jul 2013
18:59:38
Mag = 1.2
ET:12
R
S
L
I
FSE-XL/V/90
TR:3120
TE:20/Ef
EC:1/2 31.2kHz
8NVHEAD_A/FL:p+
FOV:26x19.5
5.0thk/1.0sp
48/03:26
320X256/2.00 NEX
ED/TRF/FT/Z512
PIR
W = 2456 L = 1511

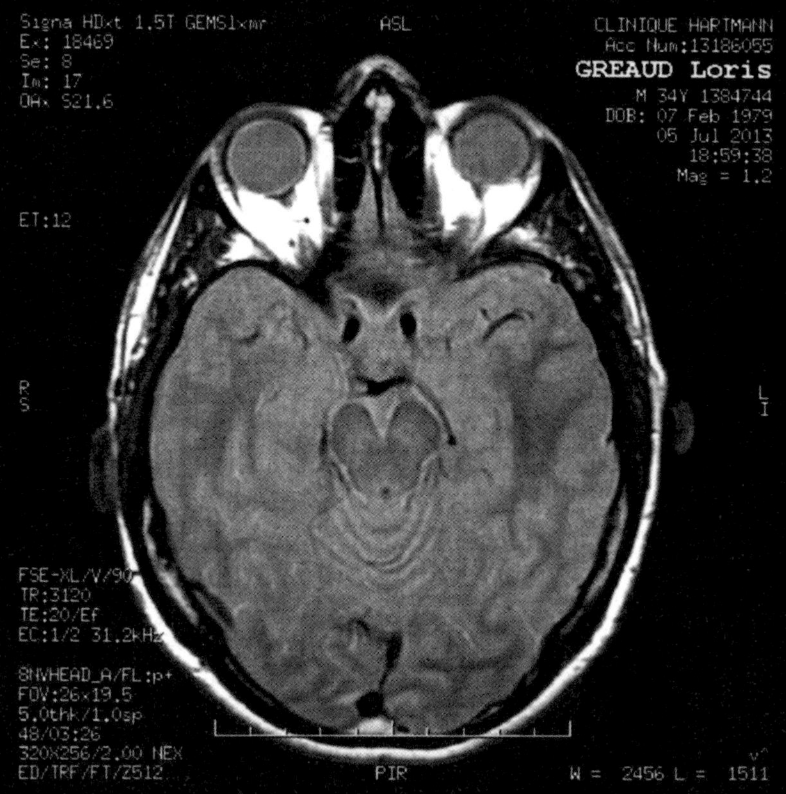

Signa HDxt 1.5T GEMS1xmr
Ex: 18469
Se: 8
Im: 17
OAx S21.6
ET:12
FSE-XL/V/90
TR:3120
TE:20/Ef
EC:1/2 31.2kHz
8NVHEAD_A/FL:p+
FOV:26x19.5
5.0thk/1.0sp
48/03:26
320x256/2.00 NEX
ED/TRF/FT/Z512
ASL
R
S
L
I
PIR
CLINIQUE HARTMANN
Acc Num:13186055
GREAUD Loris
M 34Y 1384744
DOB: 07 Feb 1979
05 Jul 2013
18:59:38
Mag = 1.2
W = 2456 L = 1511

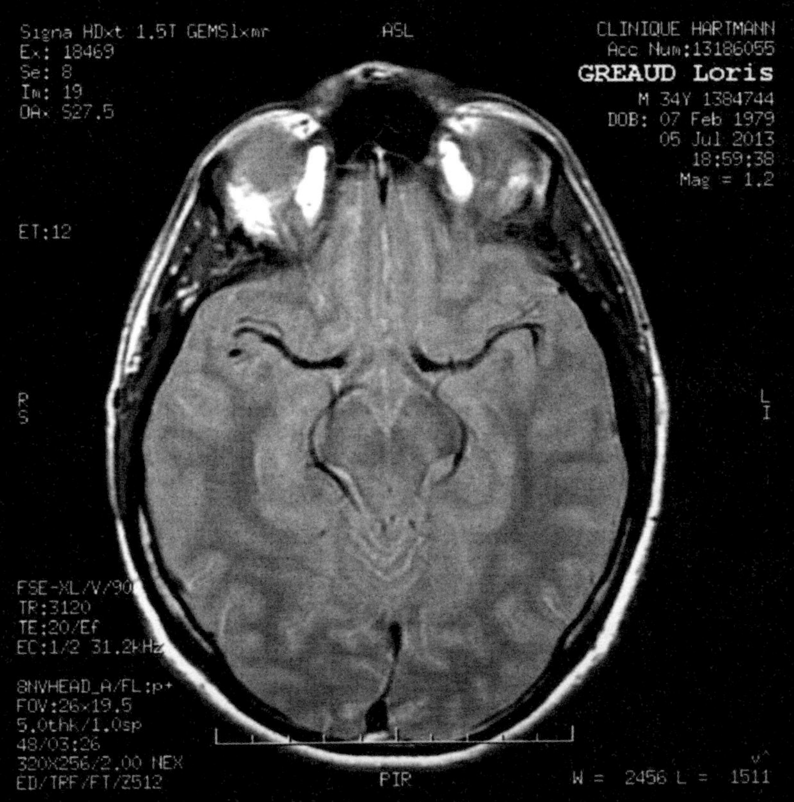

Signa HDxt 1.5T GEMS1xmr
Ex: 18469
Se: 8
Im: 19
DA: S27.5
ASL
CLINIQUE HARTMANN
Acc Num:13186055
GREAUD Loris
M 34Y 1384744
DOB: 07 Feb 1979
05 Jul 2013
18:59:38
Mag = 1.2
ET:12
R
S
L
I
FSE-XL/V/90
TR:3120
TE:20/Ef
EC:1/2 31.2kHz
8NVHEAD_A/FL:p+
FOV:26x19.5
5.0thk/1.0sp
48/03:26
320X256/2.00 NEX
ED/TRF/FT/Z512
PIR
W = 2456 L = 1511

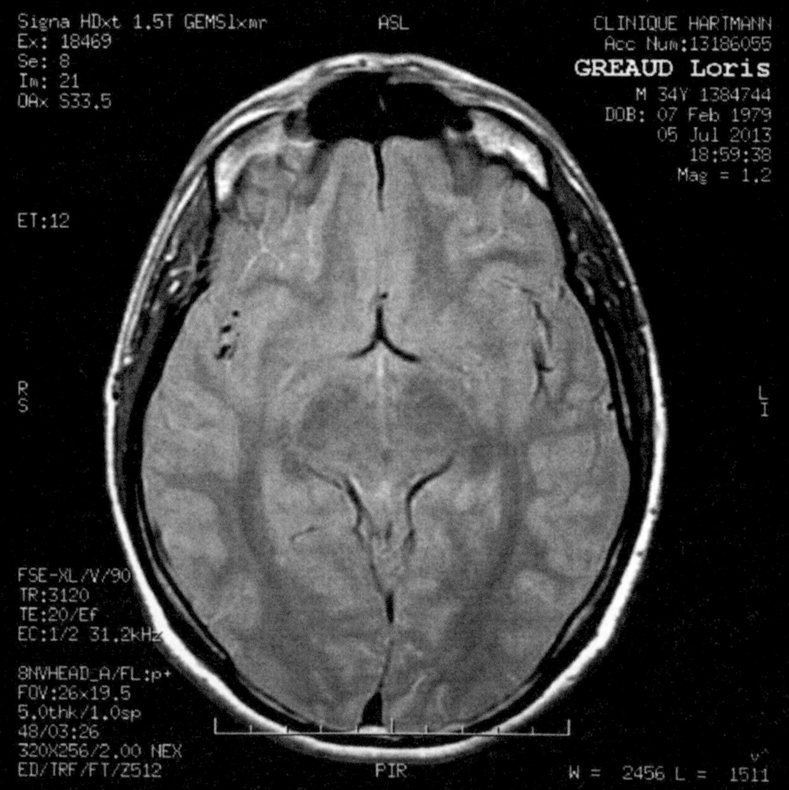

Signa HDxt 1.5T GEMSlxmr
Ex: 18469
Se: 8
Im: 21
OAx S33.5
ASL
CLINIQUE HARTMANN
Acc Num:13186055
GREAUD Loris
M 34Y 1384744
DOB: 07 Feb 1979
05 Jul 2013
18:59:38
Mag = 1.2
ET:12
R
S
L
I
FSE-XL/V/90
TR:3120
TE:20/Ef
EC:1/2 31.2kHz
8NVHEAD_A/FL:p+
FOV:26x19.5
5.0thk/1.0sp
48/03:26
320X256/2.00 NEX
ED/TRF/FT/Z512
PIR
W = 2456 L = 1511

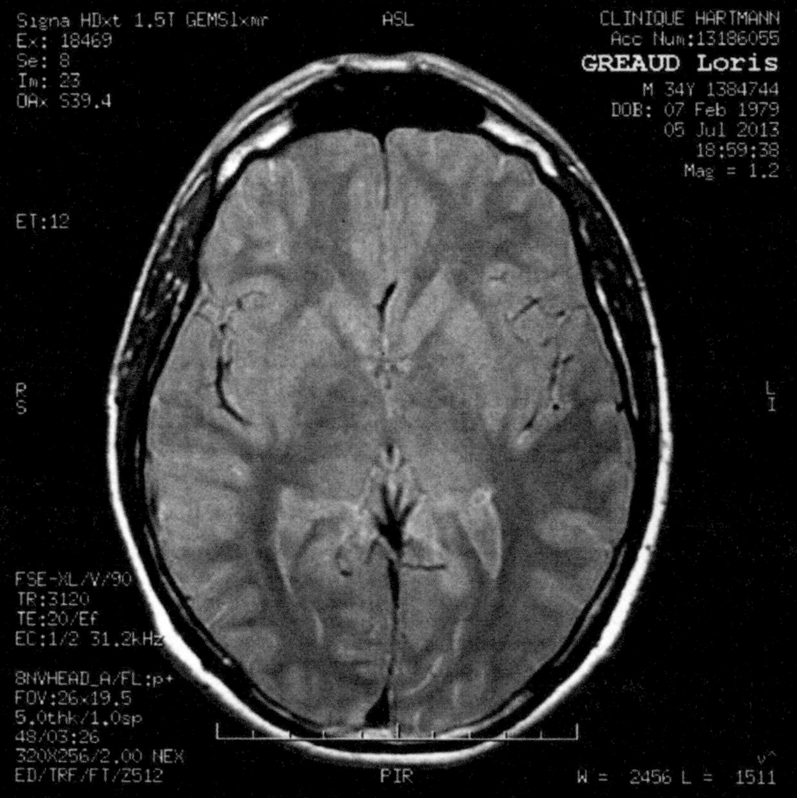

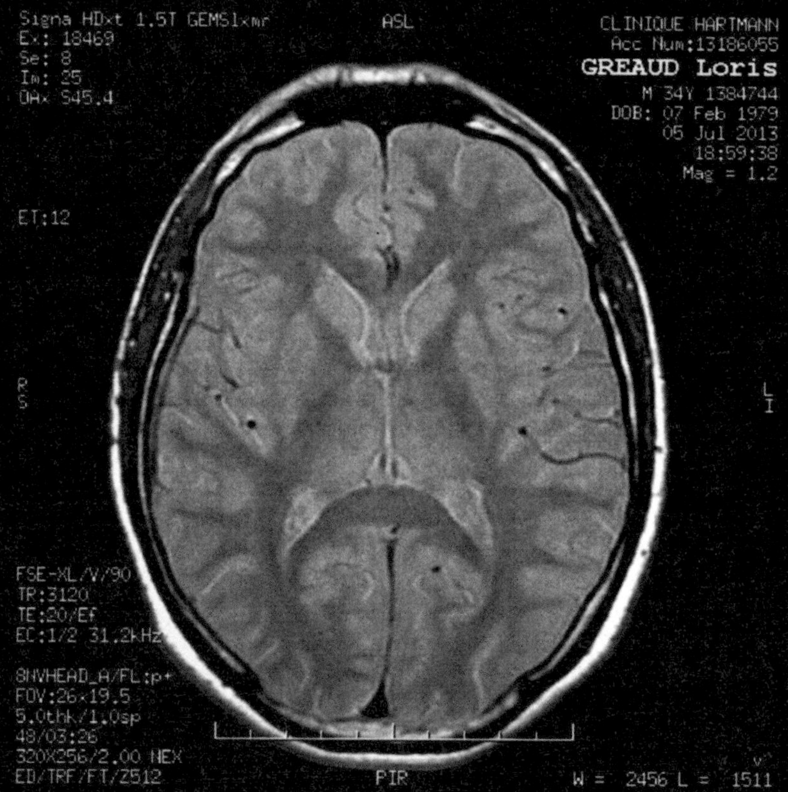
Signa HDxt 1.5T GEMSlxmr
Ex: 18469
Se: 8
Im: 25
OAx S45.4

ASL

CLINIQUE HARTMANN
Acc Num:13186055
GREAUD Loris
M 34Y 1384744
DOB: 07 Feb 1979
05 Jul 2013
18:59:38
Mag = 1.2

ET:12

R
S

L
I

FSE-XL/V/90
TR:3120
TE:20/Ef
EC:1/2 31.2kHz

SNVHEAD_A/FL:p+
FOV:26×19.5
5.0thk/1.0sp
48/03:26
320X256/2.00 NEX
ED/TRF/FT/Z512

PIR

W = 2456 L = 1511

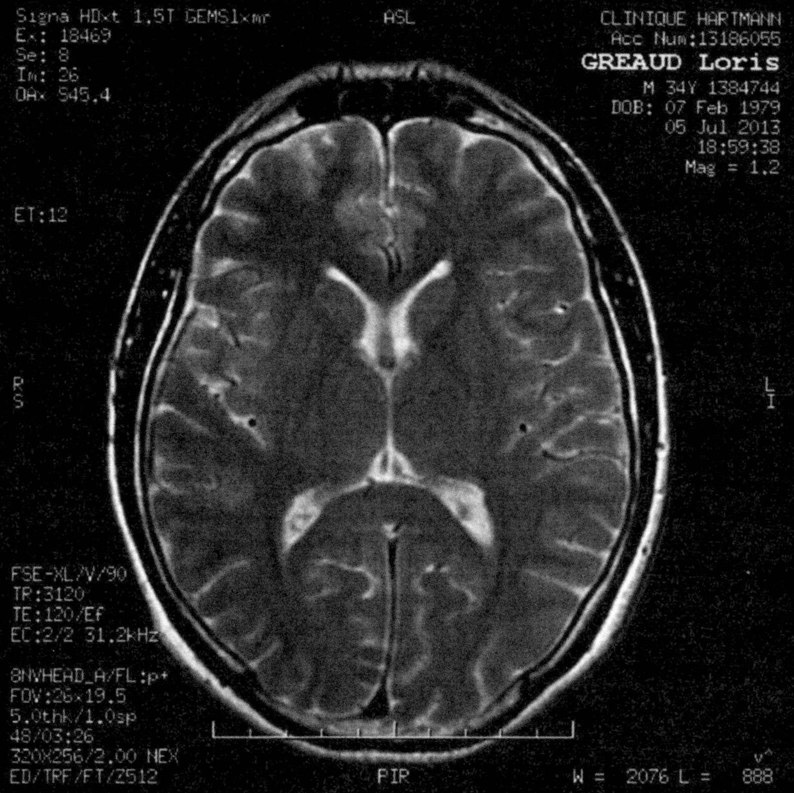

Signa HDxt 1.5T GEMSlxmr
Ex: 18469
Se: 8
Im: 26
OAx S45.4
ASL
ET:12
R
S
FSE-XL/V/90
TP:3120
TE:120/Ef
EC:2/2 31.2kHz
8NVHEAD_A/FL:p+
FOV:26x19.5
5.0thk/1.0sp
48/03:26
320X256/2.00 NEX
ED/TRF/FT/Z512
CLINIQUE HARTMANN
Acc Num:13186055
GREAUD Loris
M 34Y 1384744
DOB: 07 Feb 1979
05 Jul 2013
18:59:38
Mag = 1.2
L
I
PIR
W = 2076 L = 888

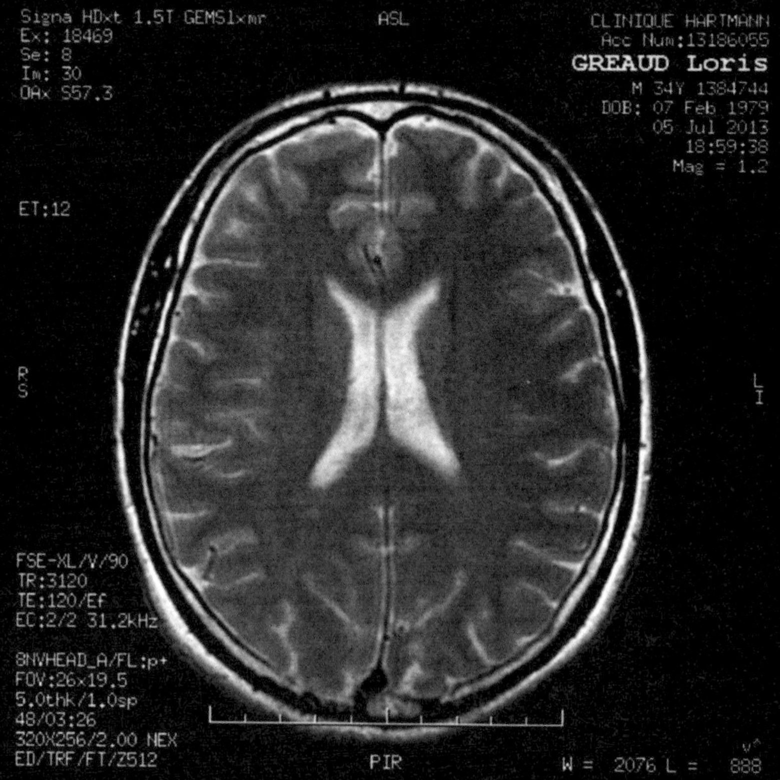

Signa HDxt 1.5T GEMS1xmr
Ex: 18469
Se: 8
Im: 30
OAx S57.3
ASL
CLINIQUE HARTMANN
Acc Num:13186055
GREAUD Loris
M 34Y 1384744
DOB: 07 Feb 1979
05 Jul 2013
18:59:38
Mag = 1.2
ET:12
R
S
L
I
FSE-XL/V/90
TR:3120
TE:120/Ef
EC:2/2 31.2kHz
8NVHEAD_A/FL:p+
FOV:26x19.5
5.0thk/1.0sp
48/03:26
320X256/2.00 NEX
ED/TRF/FT/Z512
PIR
W = 2076 L = 888

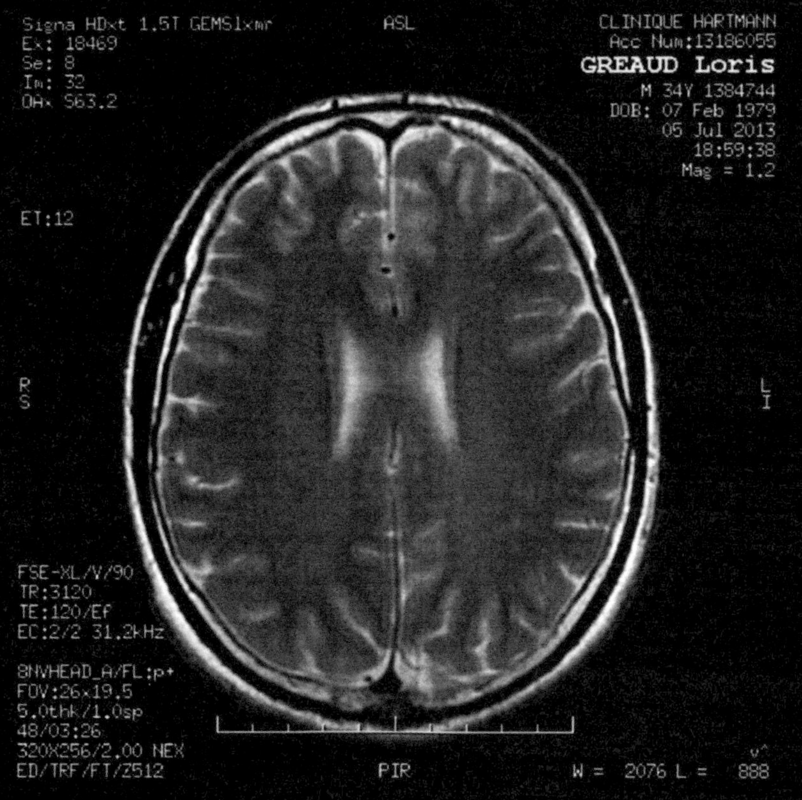

Signa HDxt 1.5T GEMSlxmr
ASL
CLINIQUE HARTMANN
Ex: 18469
Acc Num:13186055
GREAUD Loris
Se: 8
Im: 32
M 34Y 1384744
OAx S63.2
DOB: 07 Feb 1979
05 Jul 2013
18:59:38
Mag = 1.2
ET:12
R
S
L
I
FSE-XL/V/90
TR:3120
TE:120/Ef
EC:2/2 31.2kHz
8NVHEAD_A/FL:p+
FOV:26×19.5
5.0thk/1.0sp
48/03:26
320X256/2.00 NEX
ED/TRF/FT/Z512
PIR
W = 2076 L = 888

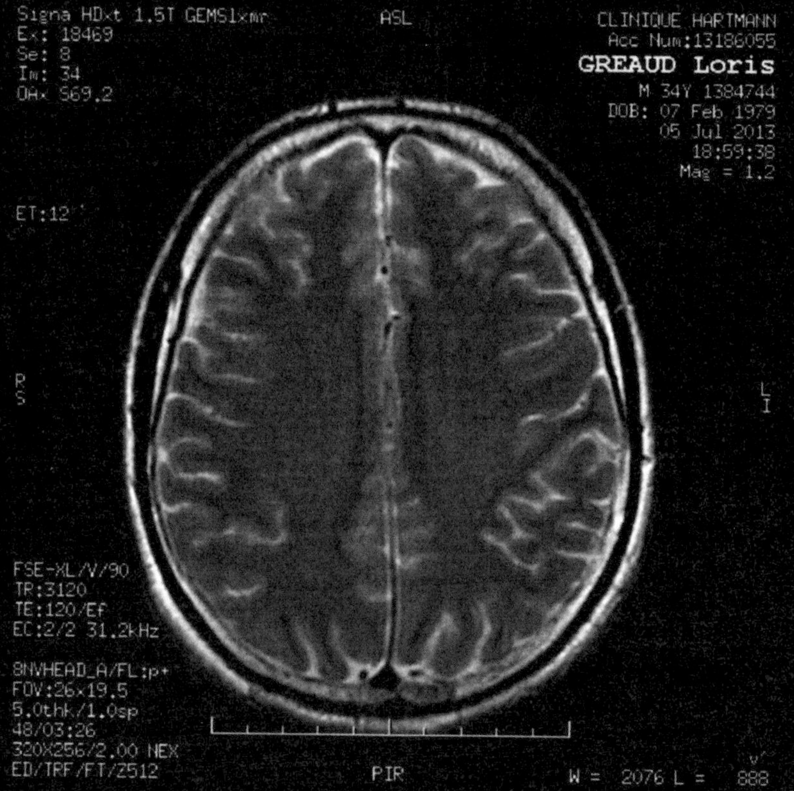

Signa HDxt 1.5T GEMS1xmr
Ex: 18469
Se: 8
Im: 34
OAx S69.2
ASL
CLINIQUE HARTMANN
Acc Num:13186055
GREAUD Loris
M 34Y 1384744
DOB: 07 Feb 1979
05 Jul 2013
18:59:38
Mag = 1.2
ET:12
R
S
L
I
FSE-XL/V/90
TR:3120
TE:120/Ef
EC:2/2 31.2kHz
8NVHEAD_A/FL:p+
FOV:26x19.5
5.0thk/1.0sp
48/03:26
320X256/2.00 NEX
ED/TRF/FT/Z512
PIR
W = 2076 L = 888

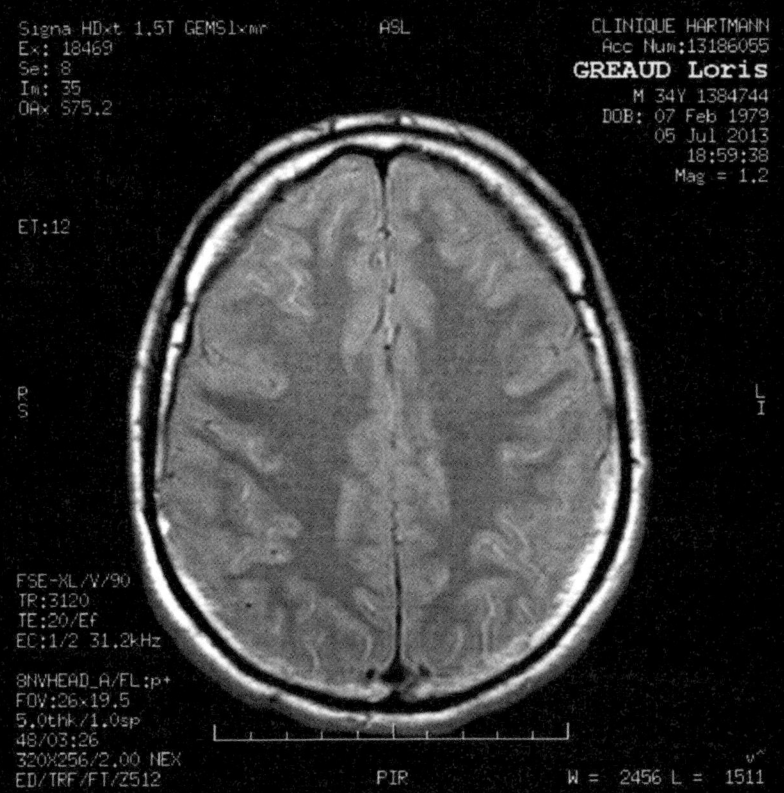

Signa HDxt 1.5T GEMSlxmr
Ex: 18469
Se: 8
Im: 35
OAx 575.2
ASL
ET:12
R
S
FSE-XL/V/90
TR:3120
TE:20/Ef
EC:1/2 31.2kHz
8NVHEAD_A/FL:p+
FOV:26x19.5
5.0thk/1.0sp
48/03:26
320X256/2.00 NEX
ED/TRF/FT/Z512
CLINIQUE HARTMANN
Acc Num:13186055
GREAUD Loris
M 34Y 1384744
DOB: 07 Feb 1979
05 Jul 2013
18:59:38
Mag = 1.2
L
I
PIR
W = 2456 L = 1511

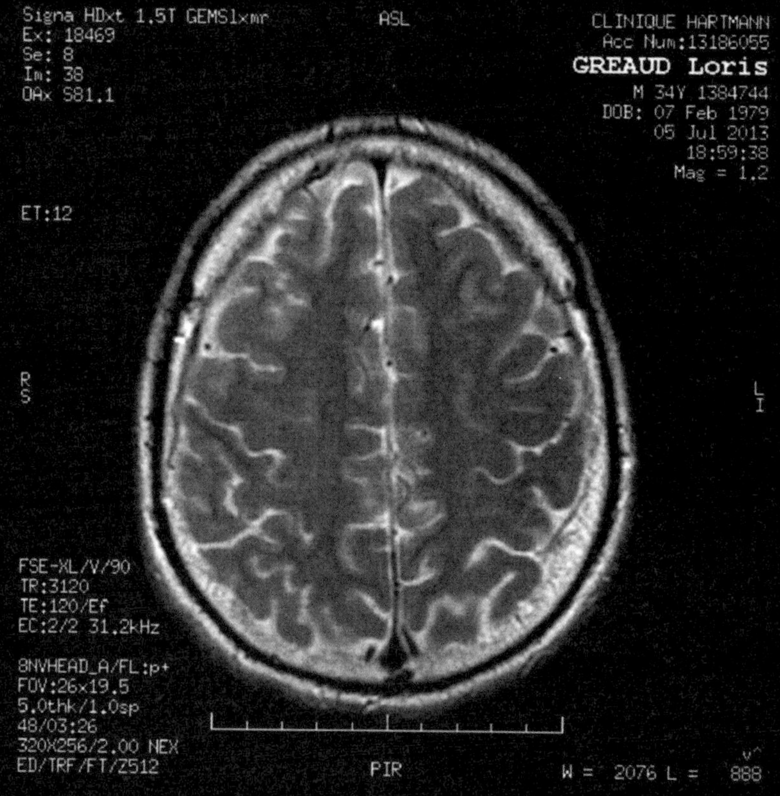

Signa HDxt 1.5T GEMSlxmr
Ex: 18469
Se: 8
Im: 38
OAx S81.1
ASL
CLINIQUE HARTMANN
Acc Num:13186055
GREAUD Loris
M 34Y 1384744
DOB: 07 Feb 1979
05 Jul 2013
18:59:38
Mag = 1.2
ET:12
R
S
L
I
FSE-XL/V/90
TR:3120
TE:120/Ef
EC:2/2 31.2kHz
8NVHEAD_A/FL:p+
FOV:26x19.5
5.0thk/1.0sp
48/03:26
320X256/2.00 NEX
ED/TRF/FT/Z512
PIR
W = 2076 L = 888

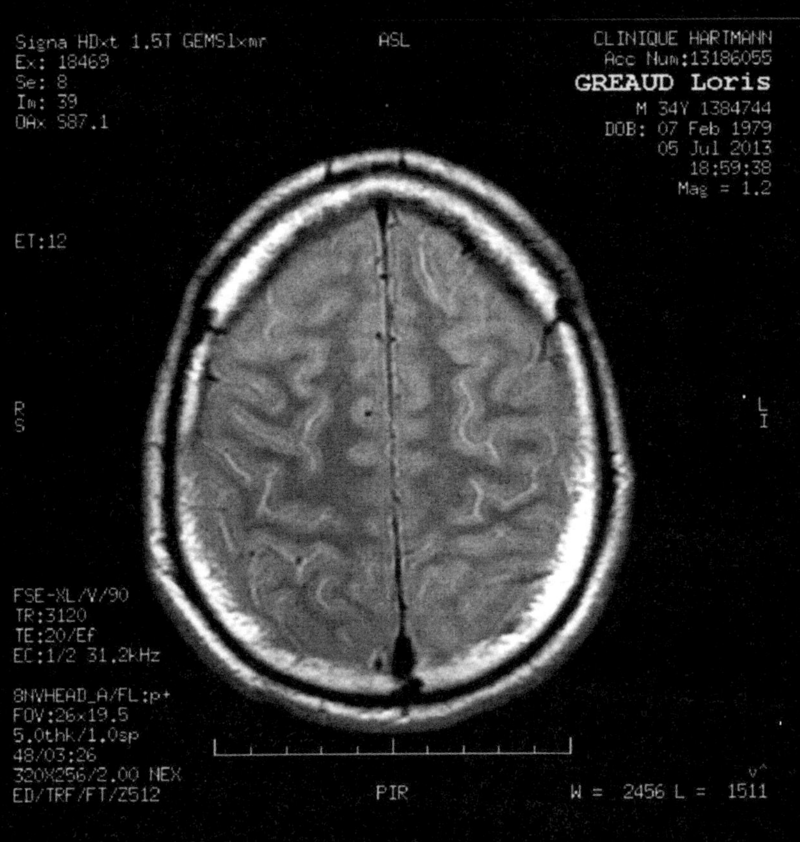

Signa HDxt 1.5T GEMSlxmr
Ex: 18469
Se: 8
Im: 39
DHx S87.1
ET:12
R
S
FSE-XL/V/90
TR:3120
TE:20/Ef
EC:1/2 31.2kHz
SNVHEAD_A/FL:p+
FOV:26x19.5
5.0thk/1.0sp
48/03:26
320X256/2.00 NEX
ED/TRF/FT/Z512
ASL
CLINIQUE HARTMANN
Acc Num:13186055
GREAUD Loris
M 34Y 1384744
DOB: 07 Feb 1979
05 Jul 2013
18:59:38
Mag = 1.2
L
I
PIR
W = 2456 L = 1511

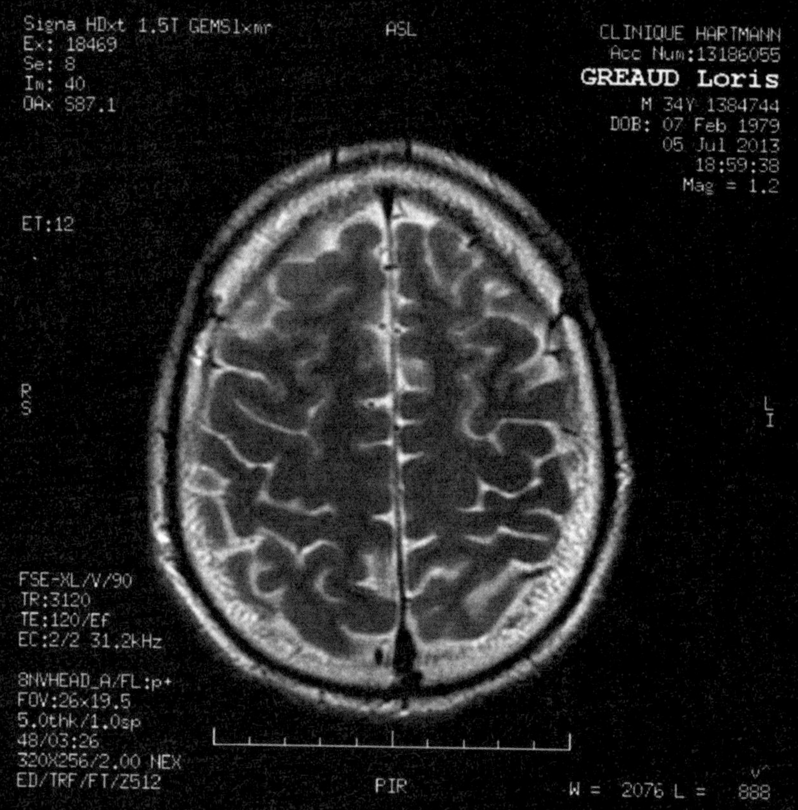

Signa HDxt 1.5T GEMSlxmr
Ex: 18469
Se: 8
Im: 40
OAx S87.1
ASL
CLINIQUE HARTMANN
Acc Num:13186055
GREAUD Loris
M 34Y 1384744
DOB: 07 Feb 1979
05 Jul 2013
18:59:38
Mag = 1.2
ET:12
R
S
L
I
FSE-XL/V/90
TR:3120
TE:120/Ef
EC:2/2 31.2kHz
8NVHEAD_A/FL:p+
FOV:26x19.5
5.0thk/1.0sp
48/03:26
320X256/2.00 NEX
ED/TRF/FT/Z512
PIR
W = 2076 L = 888

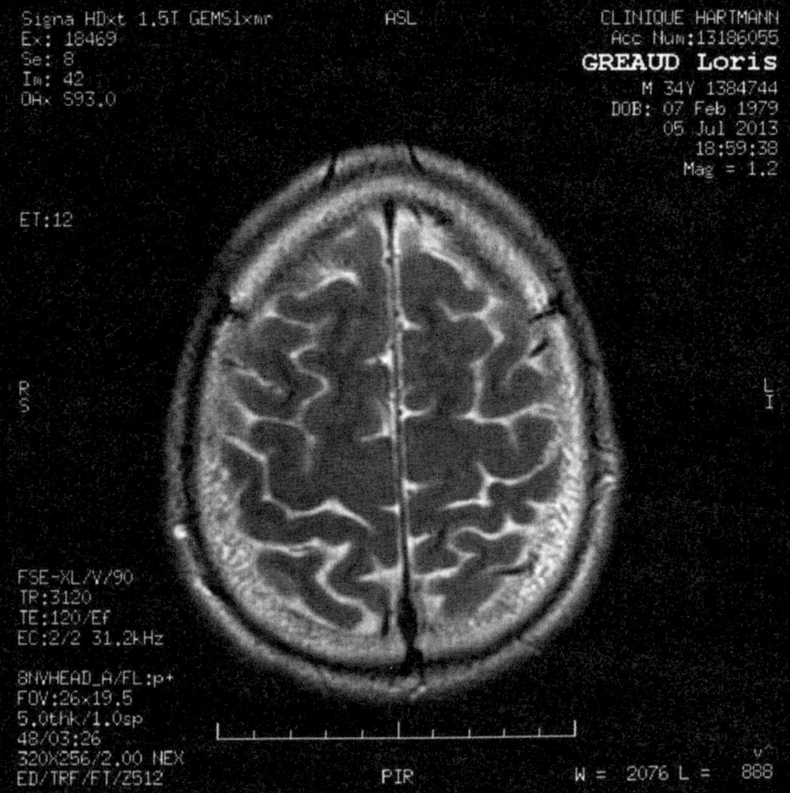

Signa HDxt 1.5T GEMS1xmr
Ex: 18469
Se: 8
Im: 42
OAx 593.0
ASL
CLINIQUE HARTMANN
Acc Num:13186055
GREAUD Loris
M 34Y 1384744
DOB: 07 Feb 1979
05 Jul 2013
18:59:38
Mag = 1.2
ET:12
R
S
L
I
FSE-XL/V/90
TR:3120
TE:120/Ef
EC:2/2 31.2kHz
8NVHEAD_A/FL:p+
FOV:26x19.5
5.0thk/1.0sp
48/03:26
320X256/2.00 NEX
ED/TRF/FT/Z512
PIR
W = 2076 L = 888

Signa HDxt 1.5T GEMSlxmr
Ex: 18469
Se: 8
Im: 43
OAx S99.0
ASL
CLINIQUE HARTMANN
Acc Num:13186055
GREAUD Loris
M 34Y 1384744
DOB: 07 Feb 1979
05 Jul 2013
18:59:38
Mag = 1.2
ET:12
R
S
L
I
FSE-XL/V/90
TR:3120
TE:20/Ef
EC:1/2 31.2kHz
8NVHEAD_A/FL:p+
FOV:26×19.5
5.0thk/1.0sp
48/03:26
320X256/2.00 NEX
ED/TRF/FT/Z512
PIR
W = 2456 L = 1511

Signa HDxt 1.5T GEMSlxmr   ASL   CLINIQUE HARTMANN
Ex: 18469   Acc Num:13186055
Se: 8   **GREAUD Loris**
Im: 44   M 34Y 1384744
OAx S99.0   DOB: 07 Feb 1979
                                                 05 Jul 2013
                                                 18:59:38
                                                 Mag = 1.2

ET:12

R   L
S   I

FSE-XL/V/90
TR:3120
TE:120/Ef
EC:2/2 31.2kHz

8NVHEAD_A/FL:p+
FOV:26x19.5
5.0thk/1.0sp
48/03:26
320X256/2.00 NEX
ED/TRF/FT/Z512

PIR   W = 2076 L =   888

Signa HDxt 1.5T GEMS1xmr
Ex: 18469
Se: 8
Im: 45
OAx S104.9
ET:12
R
S
FSE-XL/V/90
TR:3120
TE:20/Ef
EC:1/2 31.2kHz
8NVHEAD_A/FL:p+
FOV:26x19.5
5.0thk/1.0sp
48/03:26
320X256/2.00 NEX
ED/TRF/FT/Z512
ASL
CLINIQUE HARTMANN
Acc Num:13186055
GREAUD Loris
M 34Y 1384744
DOB: 07 Feb 1979
05 Jul 2013
18:59:38
Mag = 1.2
L
I
PIR
W = 2456 L = 1511

Signa HDxt 1.5T GEMSlxmr   ASL

CLINIQUE HARTMANN
Acc Num:13186055
GREAUD Loris
M 34Y 1384744
DOB: 07 Feb 1979
05 Jul 2013
18:59:38
Mag = 1.2

Ex: 18469
Se: 8
Im: 46
OAx S104.9

ET:12

R
S

L
I

FSE-XL/V/90
TR:3120
TE:120/Ef
EC:2/2 31.2kHz

8NVHEAD_A/FL:p+
FOV:26x19.5
5.0thk/1.0sp
48/03:26
320X256/2.00 NEX
ED/TRF/FT/Z512

PIR   W = 2076 L = 888

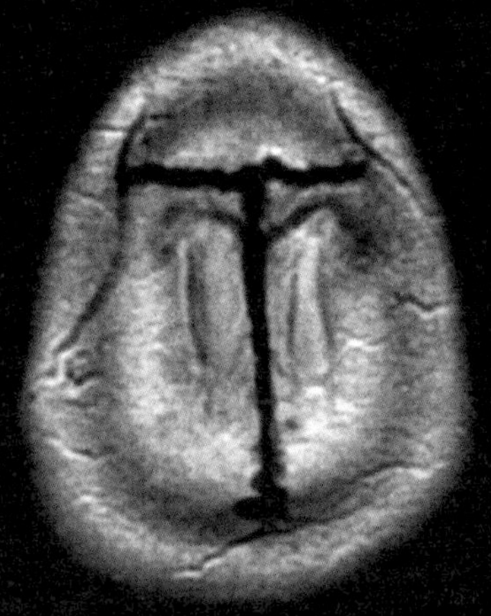

Signa HDxt 1.5T GEMSIxmr
Ex: 18469
Se: 8
Im: 47
OAx S110.9
ASL
CLINIQUE HARTMANN
Acc Num:13186055
GREAUD Loris
M 34Y 1384744
DOB: 07 Feb 1979
05 Jul 2013
18:59:38
Mag = 1.2
ET:12
R
S
L
I
FSE-XL/V/90
TR:3120
TE:20/Ef
EC:1/2 31.2kHz
8NVHEAD_A/FL:p+
FOV:26x19.5
5.0thk/1.0sp
48/03:26
320x256/2.00 NEX
ED/TRF/FT/Z512
PIR
W = 2456 L = 1511

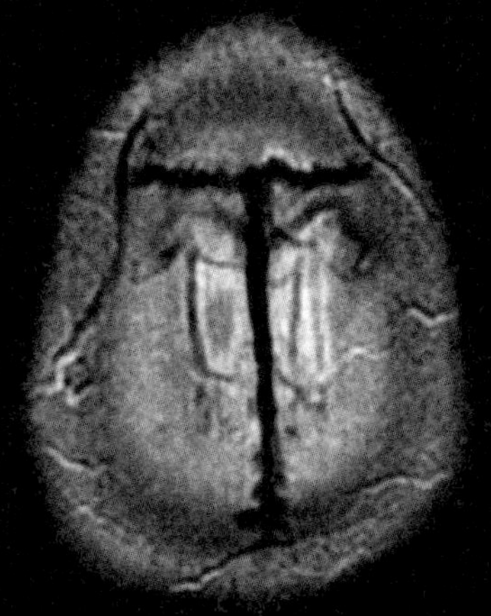

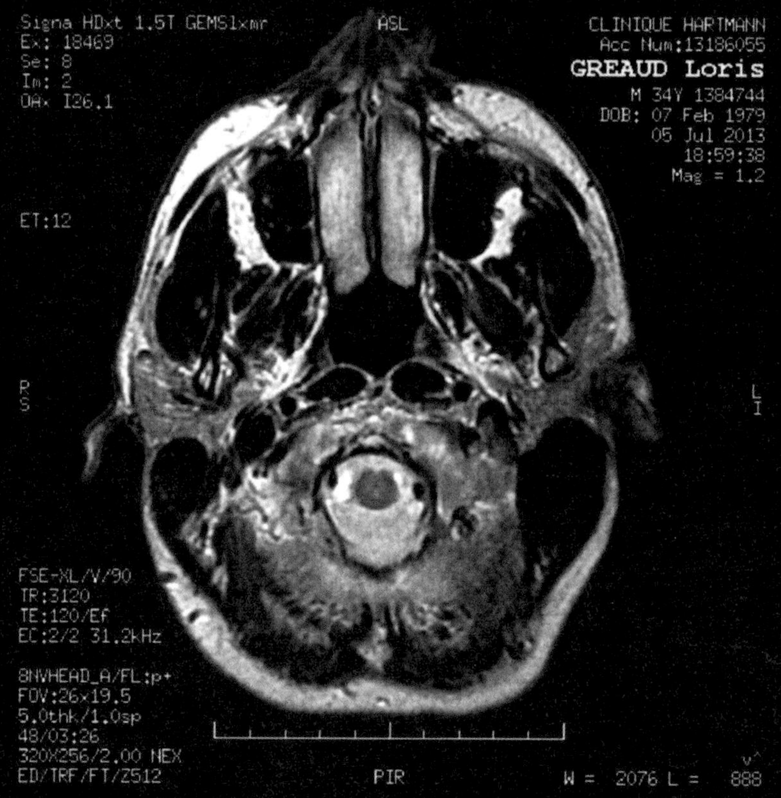

Signa HDxt 1.5T GEMS1xmr
Ex: 18469
Se: 8
Im: 2
OAx I26.1
ET:12
ASL
CLINIQUE HARTMANN
Acc Num:13186055
GREAUD Loris
M 34Y 1384744
DOB: 07 Feb 1979
05 Jul 2013
18:59:38
Mag = 1.2
R
S
L
I
FSE-XL/V/90
TR:3120
TE:120/Ef
EC:2/2 31.2kHz
8NVHEAD_A/FL:p+
FOV:26x19.5
5.0thk/1.0sp
48/03:26
320X256/2.00 NEX
ED/TRF/FT/Z512
PIR
W = 2076 L = 888

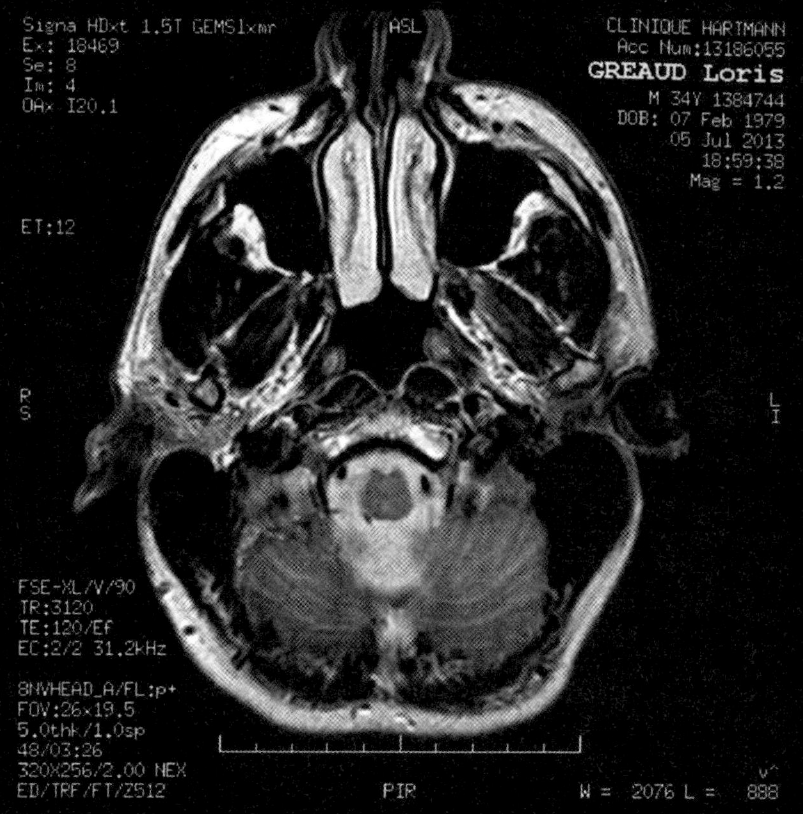

Signa HDxt 1.5T GEMS1xmr
Ex: 18469
Se: 8
Im: 4
OAx I20.1
ASL
ET:12
CLINIQUE HARTMANN
Acc Num:13186055
GREAUD Loris
M 34Y 1384744
DOB: 07 Feb 1979
05 Jul 2013
18:59:38
Mag = 1.2
R
S
L
I
FSE-XL/V/90
TR:3120
TE:120/Ef
EC:2/2 31.2kHz
8NVHEAD_A/FL:p+
FOV:26x19.5
5.0thk/1.0sp
48/03:26
320X256/2.00 NEX
ED/TRF/FT/Z512
PIR
W = 2076 L = 888

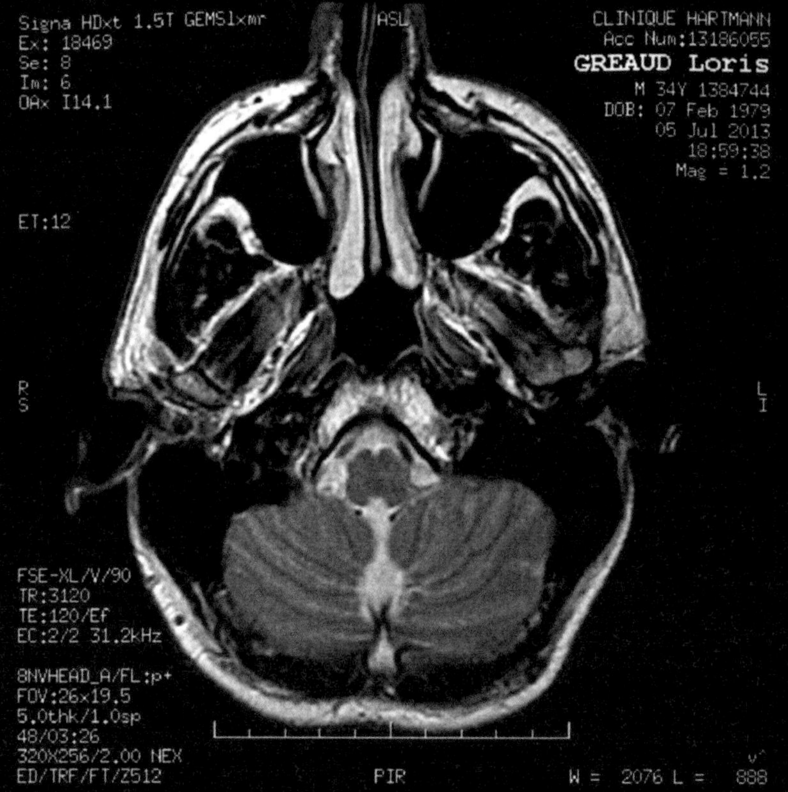

Signa HDxt 1.5T GEMSIxmr
Ex: 18469
Se: 8
Im: 6
OAx I14.1
ASL
CLINIQUE HARTMANN
Acc Num:13186055
GREAUD Loris
M 34Y 1384744
DOB: 07 Feb 1979
05 Jul 2013
18:59:38
Mag = 1.2
ET:12
R
S
L
I
FSE-XL/V/90
TR:3120
TE:120/Ef
EC:2/2 31.2kHz
8NVHEAD_A/FL:p+
FOV:26x19.5
5.0thk/1.0sp
48/03:26
320X256/2.00 NEX
ED/TRF/FT/Z512
PIR
W = 2076 L = 888

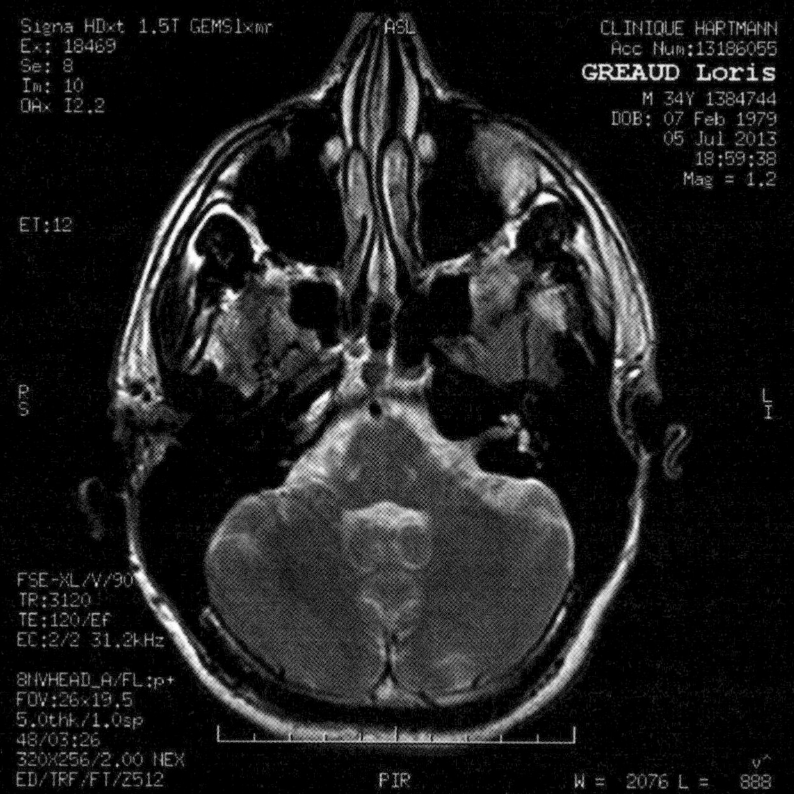

Signa HDxt 1.5T GEMSlxmr
Ex: 18469
Se: 8
Im: 10
OAx I2.2
ET:12
ASL
CLINIQUE HARTMANN
Acc Num:13186055
GREAUD Loris
M 34Y 1384744
DOB: 07 Feb 1979
05 Jul 2013
18:59:38
Mag = 1.2
R
S
L
I
FSE-XL/V/90
TR:3120
TE:120/EF
EC:2/2 31.2kHz
8NVHEAD_A/FL:p+
FOV:26x19.5
5.0thk/1.0sp
48/03:26
320x256/2.00 NEX
ED/TRF/FT/Z512
PIR
W = 2076 L = 888

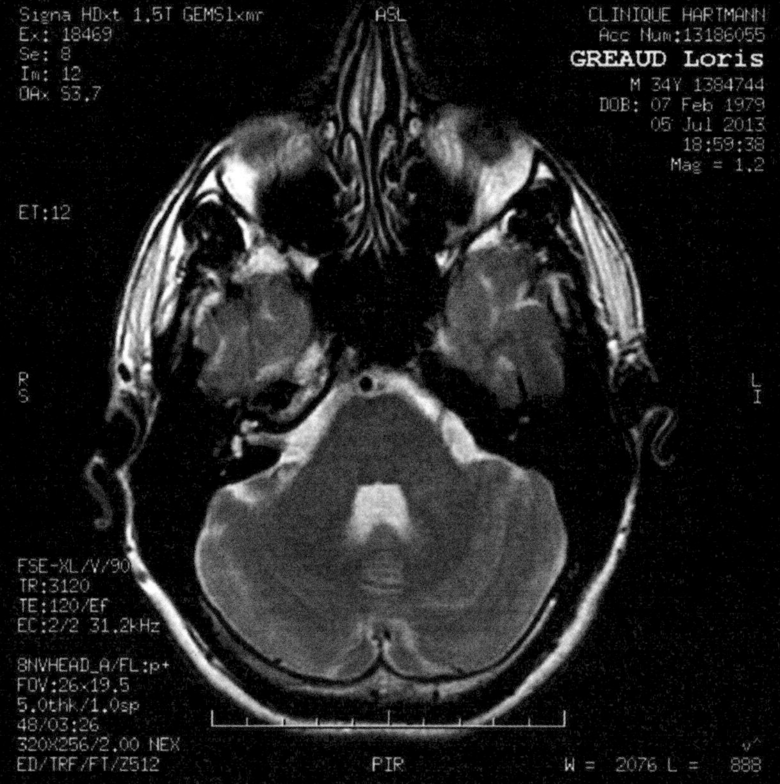

Signa HDxt 1.5T GEMSlxmr
Ex: 18469
Se: 8
Im: 12
OAx 53.7
ASL
CLINIQUE HARTMANN
Acc Num:13186055
GREAUD Loris
M 34Y 1384744
DOB: 07 Feb 1979
05 Jul 2013
18:59:38
Mag = 1.2
ET:12
R
S
L
I
FSE-XL/V/90
TR:3120
TE:120/Ef
EC:2/2 31.2kHz
8NVHEAD_A/FL:p+
FOV:26x19.5
5.0thk/1.0sp
48/03:26
320X256/2.00 NEX
ED/TRF/FT/Z512
PIR
W = 2076 L = 888

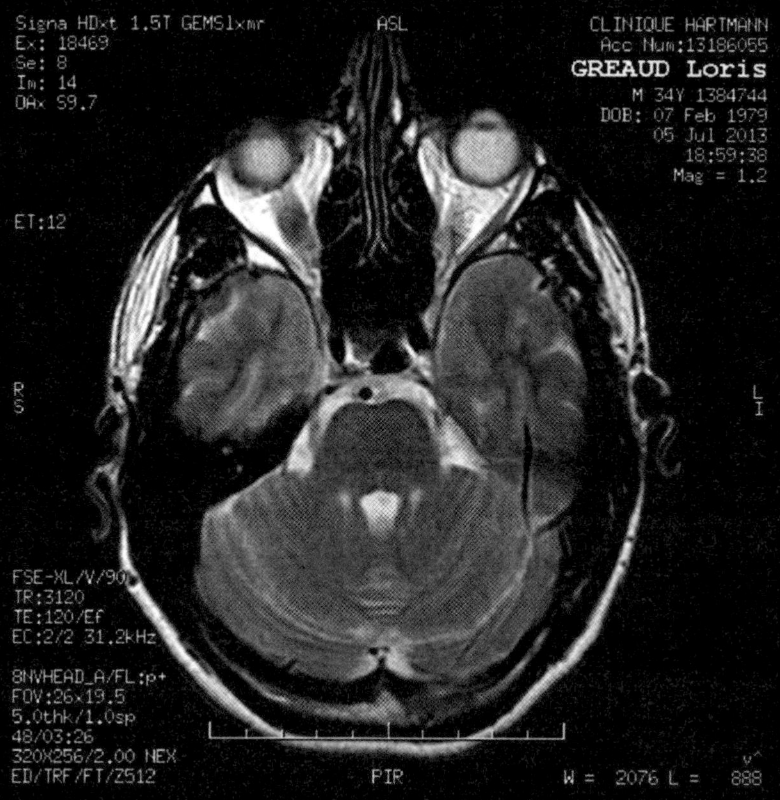

Signa HDxt 1.5T GEMSlxmr
Ex: 18469
Se: 8
Im: 14
OAx S9.7
ASL
CLINIQUE HARTMANN
Acc Num:13186055
GREAUD Loris
M 34Y 1384744
DOB: 07 Feb 1979
05 Jul 2013
18:59:38
Mag = 1.2
ET:12
R
S
L
I
FSE-XL/V/90
TR:3120
TE:120/Ef
EC:2/2 31.2kHz
8NVHEAD_A/FL:p+
FOV:26x19.5
5.0thk/1.0sp
48/03:26
320X256/2.00 NEX
ED/TRF/FT/Z512
PIR
W = 2076 L = 888

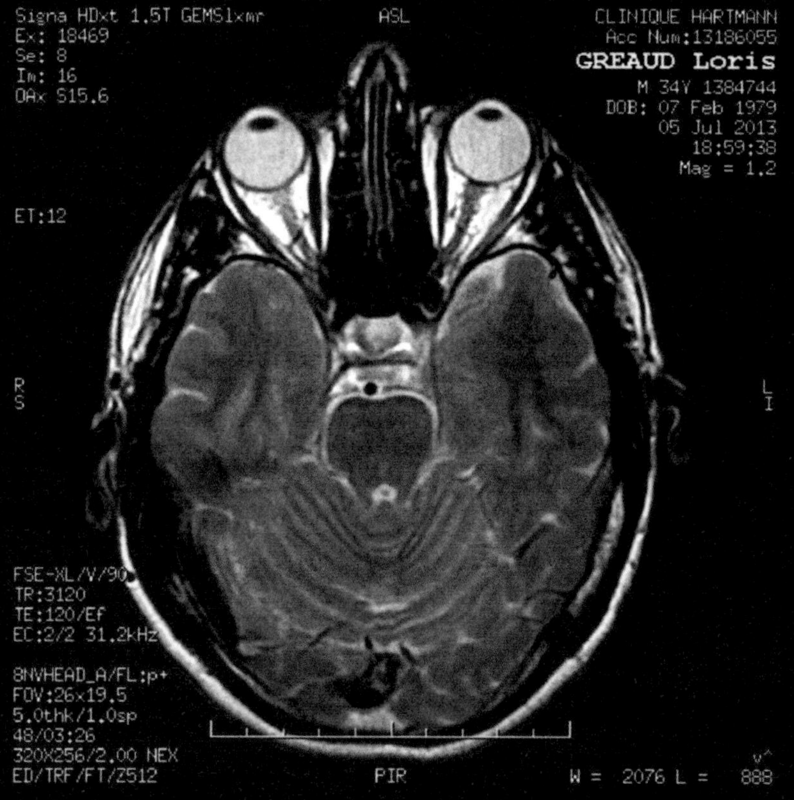

Signa HDxt 1.5T GEMSlxmr
Ex: 18469
Se: 8
Im: 16
OAx S15.6
ET:12
R
S
FSE-XL/V/90
TR:3120
TE:120/Ef
EC:2/2 31.2kHz
8NVHEAD_A/FL:p+
FOV:26x19.5
5.0thk/1.0sp
48/03:26
320X256/2.00 NEX
ED/TRF/FT/Z512
ASL
CLINIQUE HARTMANN
Acc Num:13186055
GREAUD Loris
M 34Y 1384744
DOB: 07 Feb 1979
05 Jul 2013
18:59:38
Mag = 1.2
L
I
PIR
W = 2076 L = 888

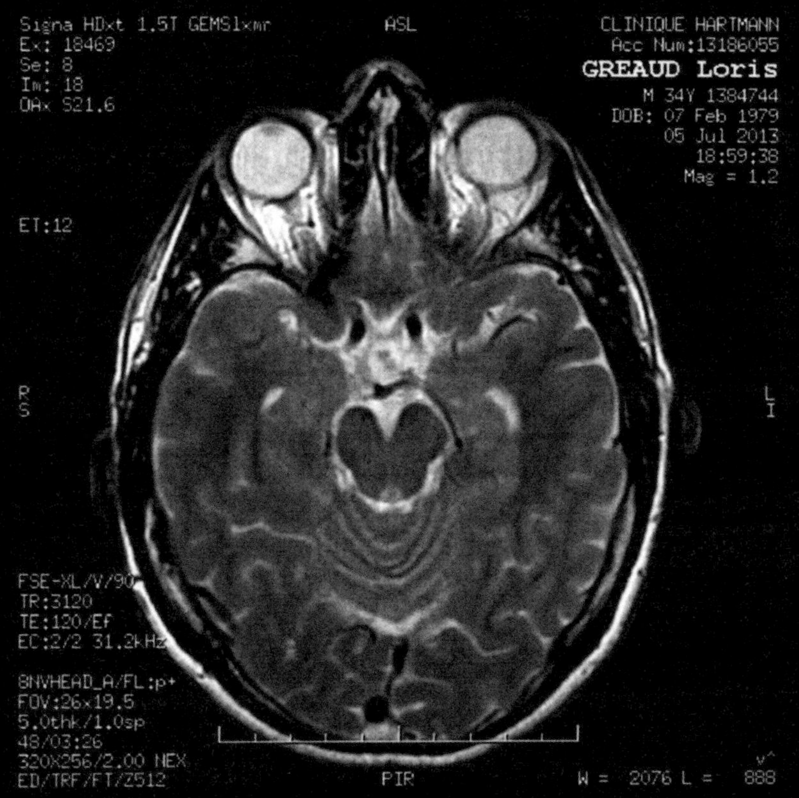

Signa HDxt 1.5T GEMSlxmr
Ex: 18469
Se: 8
Im: 18
OAx S21.6
ASL
CLINIQUE HARTMANN
Acc Num:13186055
GREAUD Loris
M 34Y 1384744
DOB: 07 Feb 1979
05 Jul 2013
18:59:38
Mag = 1.2
ET:12
R
S
L
I
FSE-XL/V/90
TR:3120
TE:120/Ef
EC:2/2 31.2kHz
8NVHEAD_A/FL:p+
FOV:26x19.5
5.0thk/1.0sp
48/03:26
320X256/2.00 NEX
ED/TRF/FT/Z512
PIR
W = 2076 L = 888

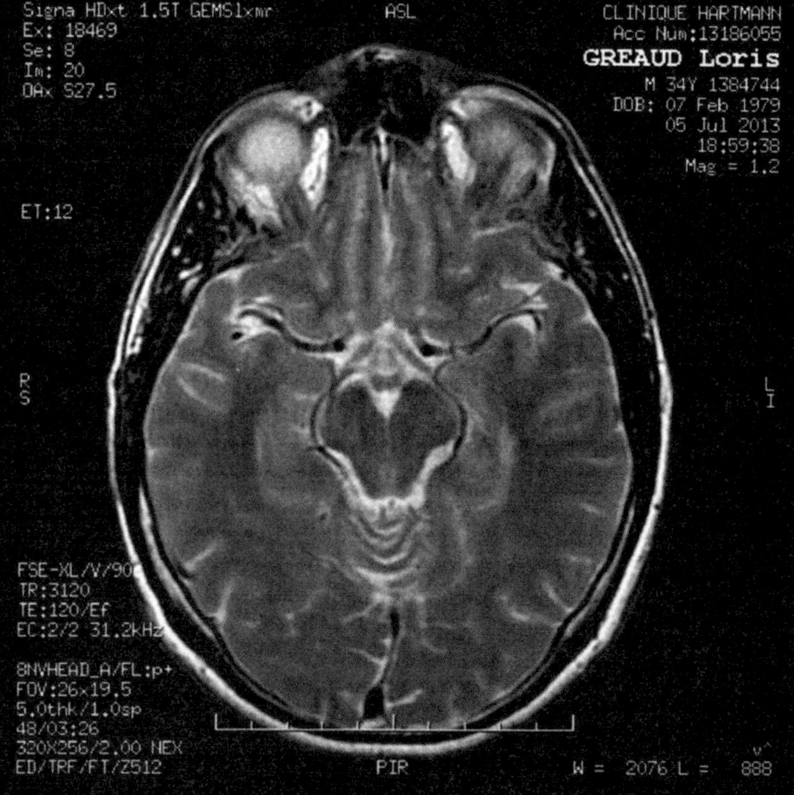

Signa HDxt 1.5T GEMSlxmr
Ex: 18469
Se: 8
Im: 20
OAx S27.5
ASL
CLINIQUE HARTMANN
Acc Num:13186055
GREAUD Loris
M 34Y 1384744
DOB: 07 Feb 1979
05 Jul 2013
18:59:38
Mag = 1.2
ET:12
R
S
L
I
FSE-XL/V/90
TR:3120
TE:120/Ef
EC:2/2 31.2kHz
8NVHEAD_A/FL:p+
FOV:26x19.5
5.0thk/1.0sp
48/03:26
320X256/2.00 NEX
ED/TRF/FT/Z512
PIR
W = 2076 L = 888

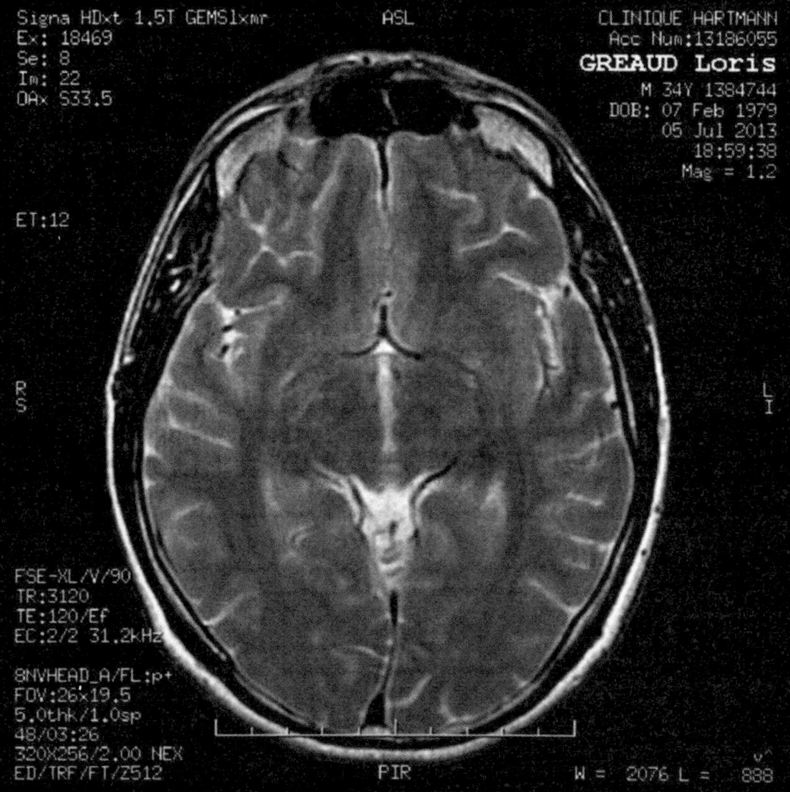

Signa HDxt 1.5T GEMSlxmr
Ex: 18469
Se: 8
Im: 22
OAx S33.5
ASL
CLINIQUE HARTMANN
Acc Num:13186055
GREAUD Loris
M 34Y 1384744
DOB: 07 Feb 1979
05 Jul 2013
18:59:38
Mag = 1.2
ET:12
R
S
L
I
FSE-XL/V/90
TR:3120
TE:120/Ef
EC:2/2 31.2kHz
8NVHEAD_A/FL:p+
FOV:26x19.5
5.0thk/1.0sp
48/03:26
320X256/2.00 NEX
ED/TRF/FT/Z512
PIR
W = 2076 L = 888

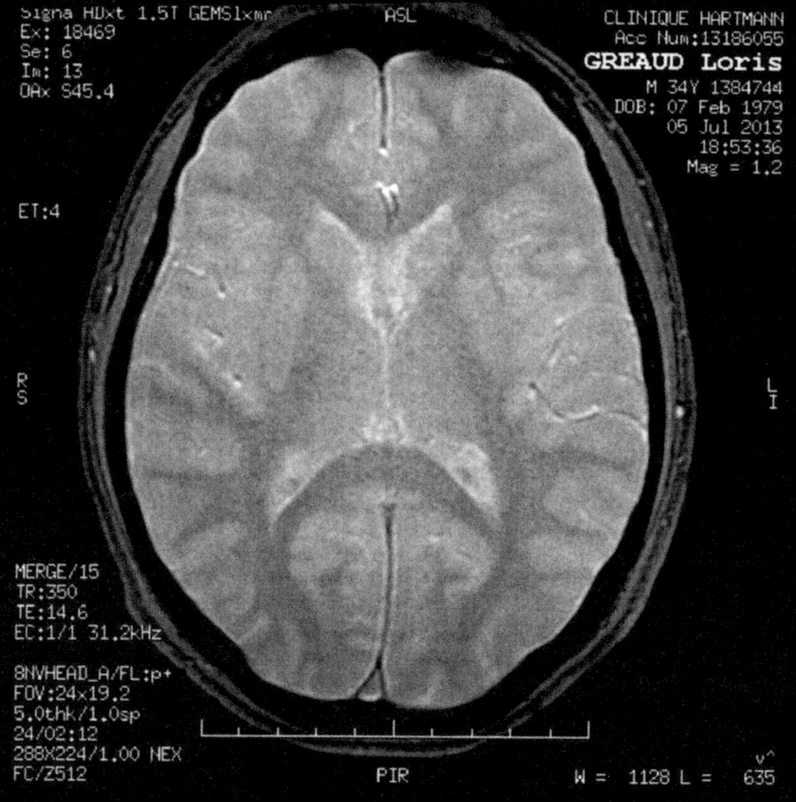

Signa HDxt 1.5T GEMSlxmr
Ex: 18469
Se: 6
Im: 13
OAx S45.4
ET:4
ASL
CLINIQUE HARTMANN
Acc Num:13186055
GREAUD Loris
M 34Y 1384744
DOB: 07 Feb 1979
05 Jul 2013
18:53:36
Mag = 1.2
R
S
L
I
MERGE/15
TR:350
TE:14.6
EC:1/1 31.2kHz
8NVHEAD_A/FL:p+
FOV:24x19.2
5.0thk/1.0sp
24/02:12
288X224/1.00 NEX
FC/Z512
PIR
W = 1128 L = 635

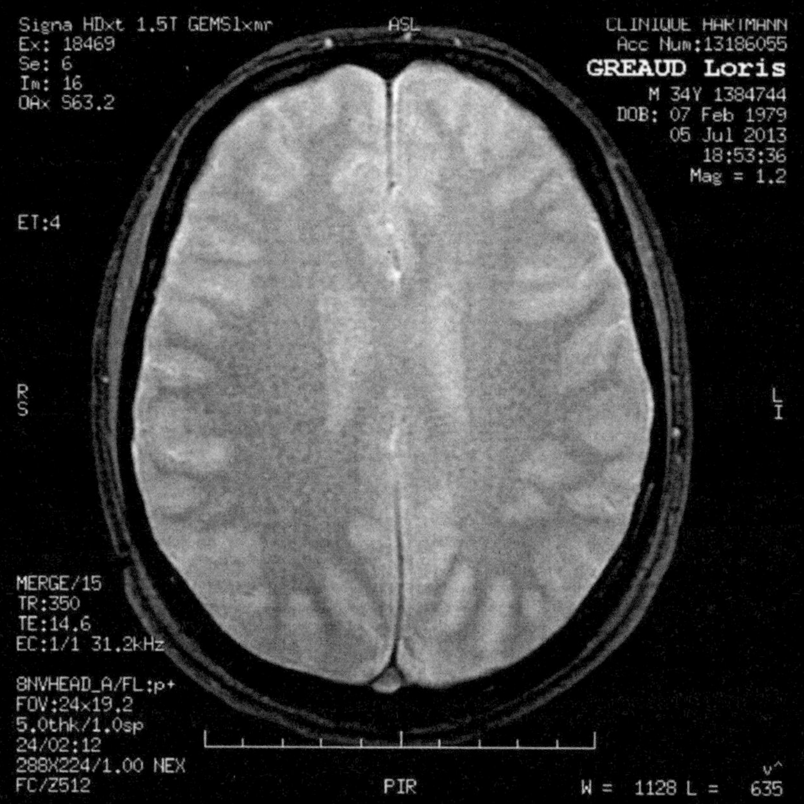

Signa HDxt 1.5T GEMSlxmr
Ex: 18469
Se: 6
Im: 16
OAx S63.2
ASL
CLINIQUE HARTMANN
Acc Num:13186055
GREAUD Loris
M 34Y 1384744
DOB: 07 Feb 1979
05 Jul 2013
18:53:36
Mag = 1.2
ET:4
R
S
L
I
MERGE/15
TR:350
TE:14.6
EC:1/1 31.2kHz
8NVHEAD_A/FL:p+
FOV:24×19.2
5.0thk/1.0sp
24/02:12
288X224/1.00 NEX
FC/Z512
PIR
W = 1128 L = 635

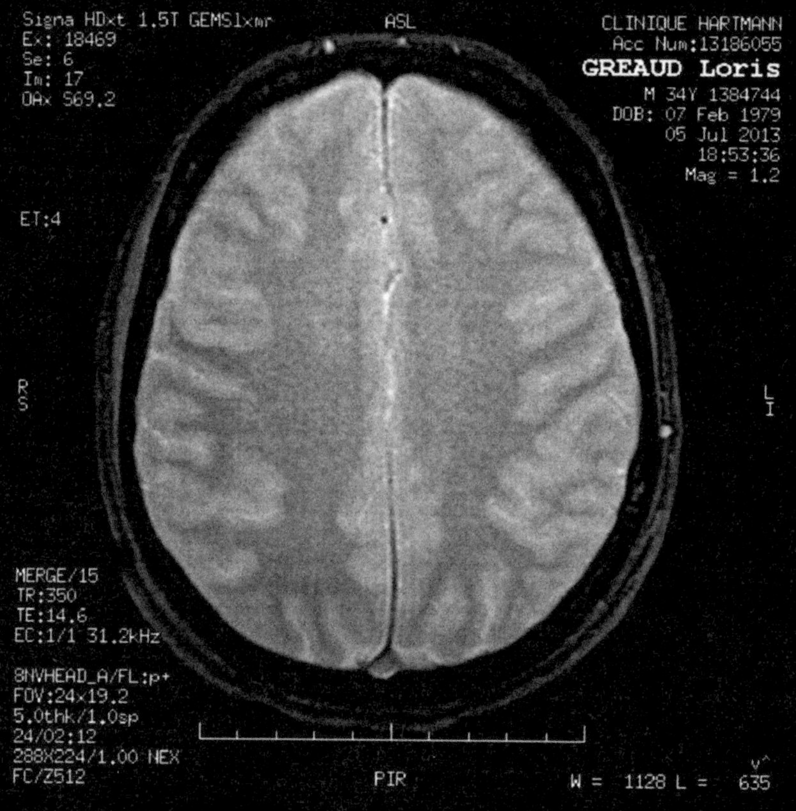

Signa HDxt 1.5T GEMS1xmr
Ex: 18469
Se: 6
Im: 17
OAx S69.2
ASL
CLINIQUE HARTMANN
Acc Num:13186055
GREAUD Loris
M 34Y 1384744
DOB: 07 Feb 1979
05 Jul 2013
18:53:36
Mag = 1.2
ET:4
R
S
L
I
MERGE/15
TR:350
TE:14.6
EC:1/1 31.2kHz
8NVHEAD_A/FL:p+
FOV:24x19.2
5.0thk/1.0sp
24/02:12
288X224/1.00 NEX
FC/Z512
PIR
W = 1128 L = 635

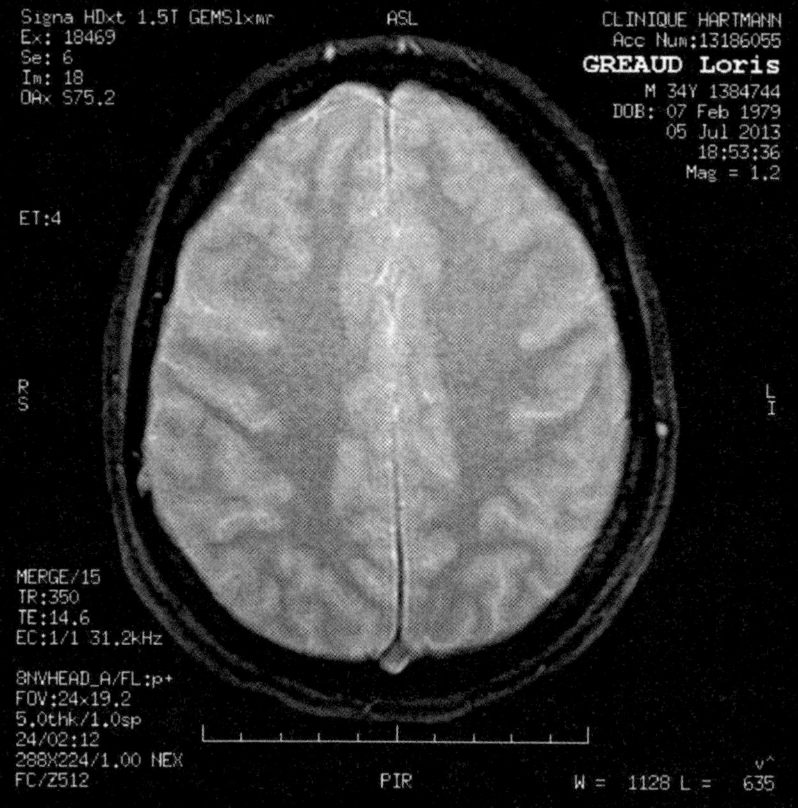

Signa HDxt 1.5T GEMSlxmr
Ex: 18469
Se: 6
Im: 18
OAx S75.2
ASL
CLINIQUE HARTMANN
Acc Num:13186055
GREAUD Loris
M 34Y 1384744
DOB: 07 Feb 1979
05 Jul 2013
18:53:36
Mag = 1.2
ET:4
R
S
L
I
MERGE/15
TR:350
TE:14.6
EC:1/1 31.2kHz
8NVHEAD_A/FL:p+
FOV:24×19.2
5.0thk/1.0sp
24/02:12
288X224/1.00 NEX
FC/Z512
PIR
W = 1128 L = 635

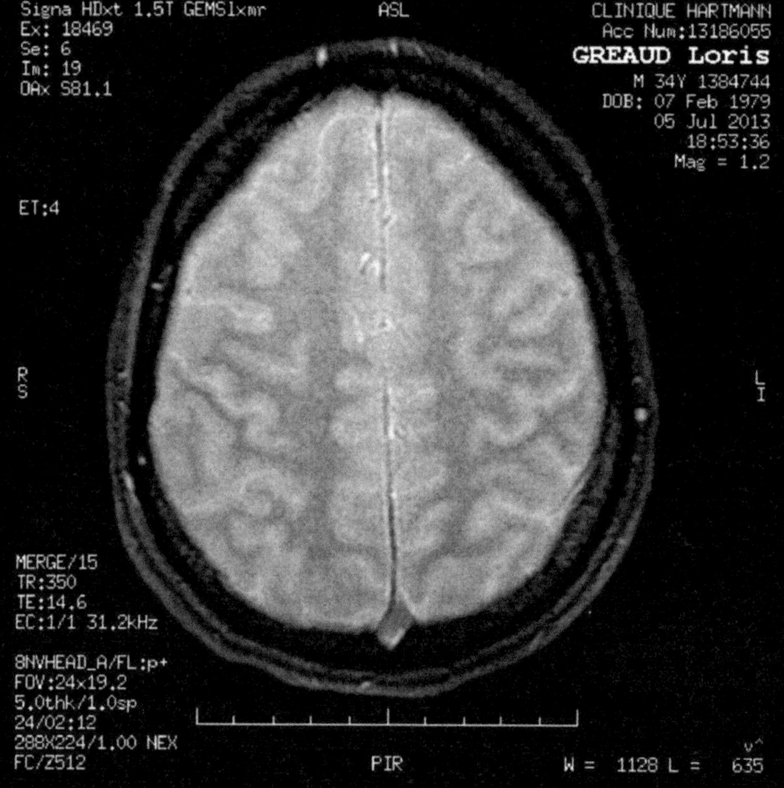

Signa HDxt 1.5T GEMSlxmr
Ex: 18469
Se: 6
Im: 19
OAx S81.1
ET:4
ASL
CLINIQUE HARTMANN
Acc Num:13186055
GREAUD Loris
M 34Y 1384744
DOB: 07 Feb 1979
05 Jul 2013
18:53:36
Mag = 1.2
R
S
L
I
MERGE/15
TR:350
TE:14.6
EC:1/1 31.2kHz
8NVHEAD_A/FL:p+
FOV:24x19.2
5.0thk/1.0sp
24/02:12
288X224/1.00 NEX
FC/Z512
PIR
W = 1128 L = 635

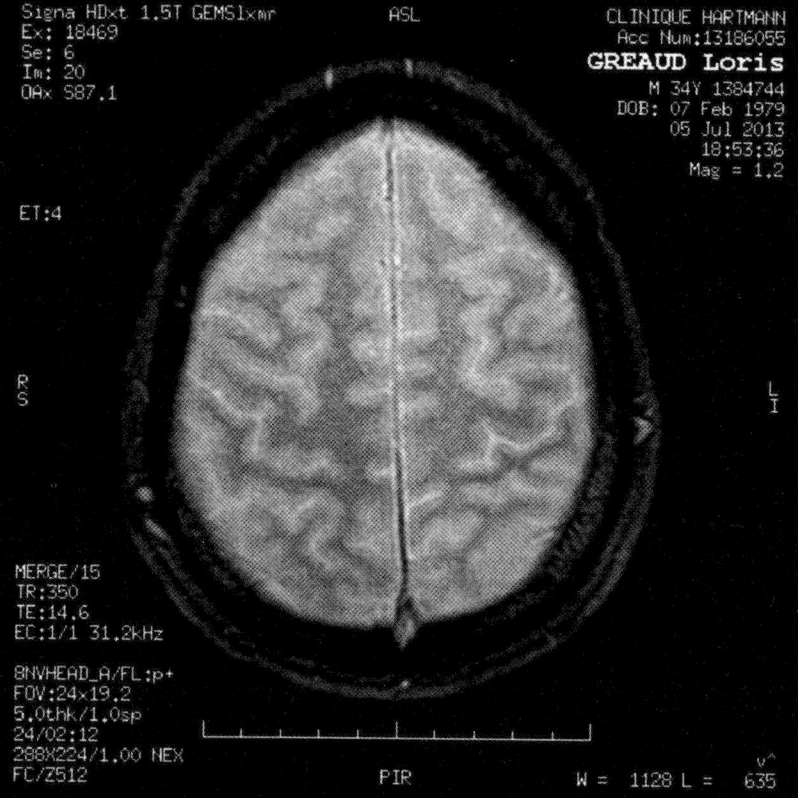

Signa HDxt 1.5T GEMSlxmr
Ex: 18469
Se: 6
Im: 20
OAx S87.1
ASL
CLINIQUE HARTMANN
Acc Num:13186055
GREAUD Loris
M 34Y 1384744
DOB: 07 Feb 1979
05 Jul 2013
18:53:36
Mag = 1.2
ET:4
R
S
L
I
MERGE/15
TR:350
TE:14.6
EC:1/1 31.2kHz
8NVHEAD_A/FL:p+
FOV:24x19.2
5.0thk/1.0sp
24/02:12
288X224/1.00 NEX
FC/Z512
PIR
W = 1128 L = 635

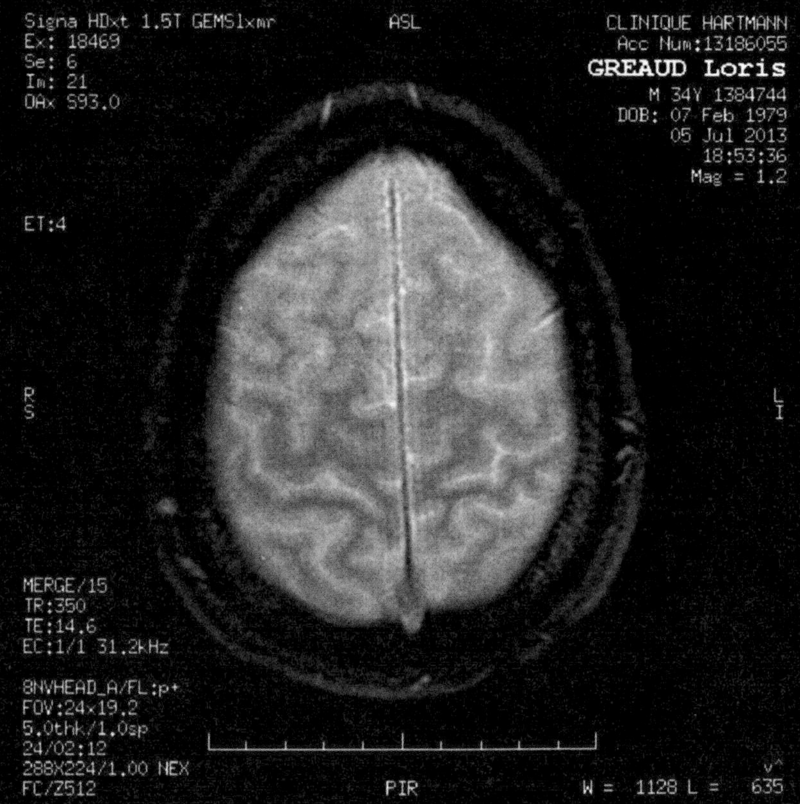

Signa HDxt 1.5T GEMSlxmr
Ex: 18469
Se: 6
Im: 21
OAx S93.0
ASL
CLINIQUE HARTMANN
Acc Num:13186055
GREAUD Loris
M 34Y 1384744
DOB: 07 Feb 1979
05 Jul 2013
18:53:36
Mag = 1.2
ET:4
R
S
L
I
MERGE/15
TR:350
TE:14.6
EC:1/1 31.2kHz
8NVHEAD_A/FL:p+
FOV:24x19.2
5.0thk/1.0sp
24/02:12
288X224/1.00 NEX
FC/Z512
PIR
W = 1128 L = 635

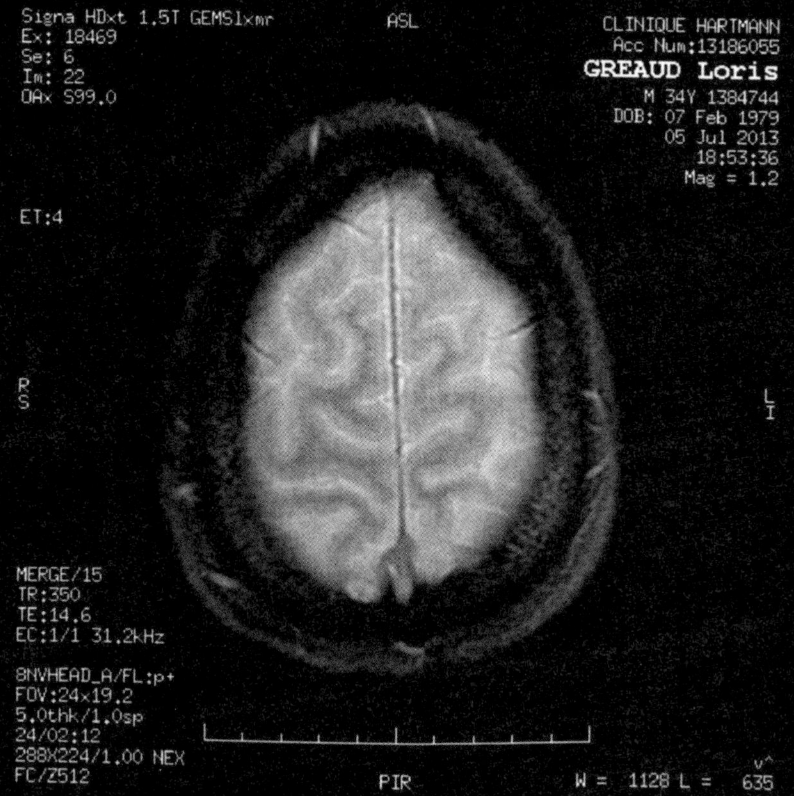

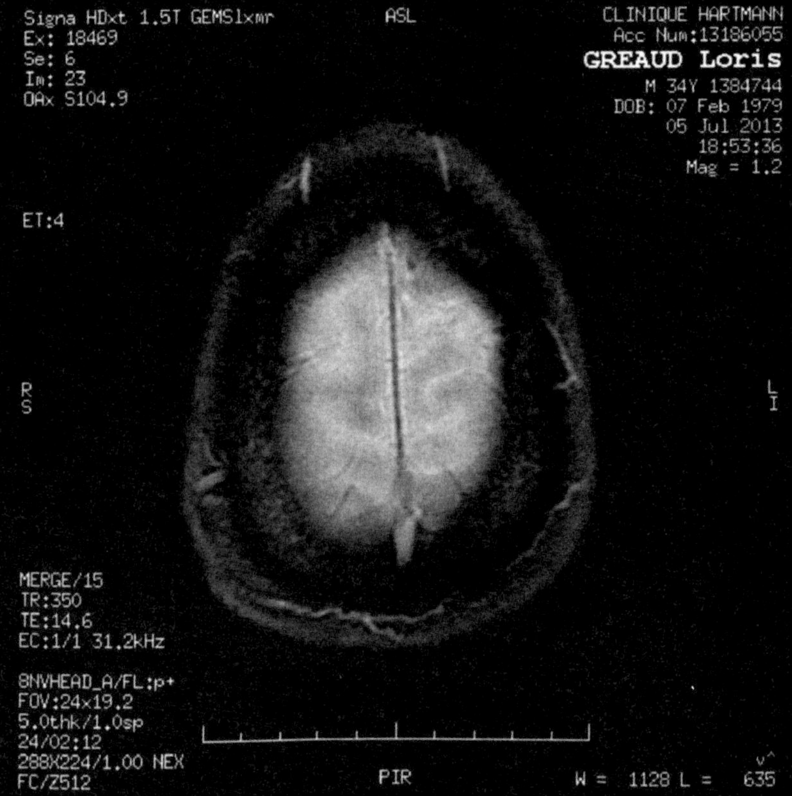

Signa HDxt 1.5T GEMSlxmr
Ex: 18469
Se: 6
Im: 23
OAx S104.9
ASL
CLINIQUE HARTMANN
Acc Num:13186055
GREAUD Loris
M 34Y 1384744
DOB: 07 Feb 1979
05 Jul 2013
18:53:36
Mag = 1.2
ET:4
R
S
L
I
MERGE/15
TR:350
TE:14.6
EC:1/1 31.2kHz
8NVHEAD_A/FL:p+
FOV:24x19.2
5.0thk/1.0sp
24/02:12
288X224/1.00 NEX
FC/Z512
PIR
W = 1128 L = 635

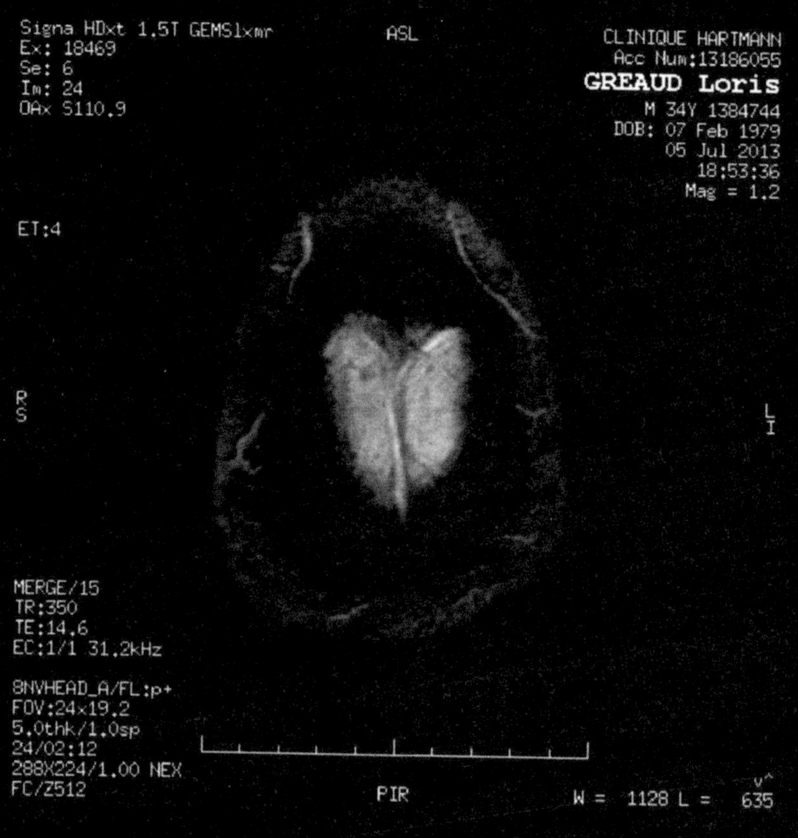

Signa HDxt 1.5T GEMSlxmr
Ex: 18469
Se: 6
Im: 24
OAx S110.9
ASL
CLINIQUE HARTMANN
Acc Num:13186055
GREAUD Loris
M 34Y 1384744
DOB: 07 Feb 1979
05 Jul 2013
18:53:36
Mag = 1.2
ET:4
R
S
L
I
MERGE/15
TR:350
TE:14.6
EC:1/1 31.2kHz
8NVHEAD_A/FL:p+
FOV:24x19.2
5.0thk/1.0sp
24/02:12
288X224/1.00 NEX
FC/Z512
PIR
W = 1128 L = 635

Signa HDxt 1.5T GEMSlxmr
Ex: 18469
Se: 4
Im: 21
OAx 593.0
ASL
CLINIQUE HARTMANN
Acc Num:13186055
GREAUD Loris
M 34Y 1384744
DOB: 07 Feb 1979
05 Jul 2013
18:48:20
Mag = 1.1
R
S
L
I
T2flair
TR:9002
TE:144/Ef
EC:1/1 31.2kHz
TI:2250
8NVHEAD_A/FL:p+
FOV:24x24
5.0thk/1.0sp
24/03:01
320X224/1.00 NEX
FCs/TRF
PIR
W = 1341 L = 552

Signa HDxt 1.5T GEMSlxmr
Ex: 18469
Se: 4
Im: 22
OAx S99.0
ASL
CLINIQUE HARTMANN
Acc Num:13186055
GREAUD Loris
M 34Y 1384744
DOB: 07 Feb 1979
05 Jul 2013
18:48:20
Mag = 1.1
R
S
L
I
T2flair
TR:9002
TE:144/Ef
EC:1/1 31.2kHz
TI:2250
8NVHEAD_A/FL:p+
FOV:24x24
5.0thk/1.0sp
24/03:01
320X224/1.00 NEX
FCs/TRF
PIR
W = 1341 L = 552

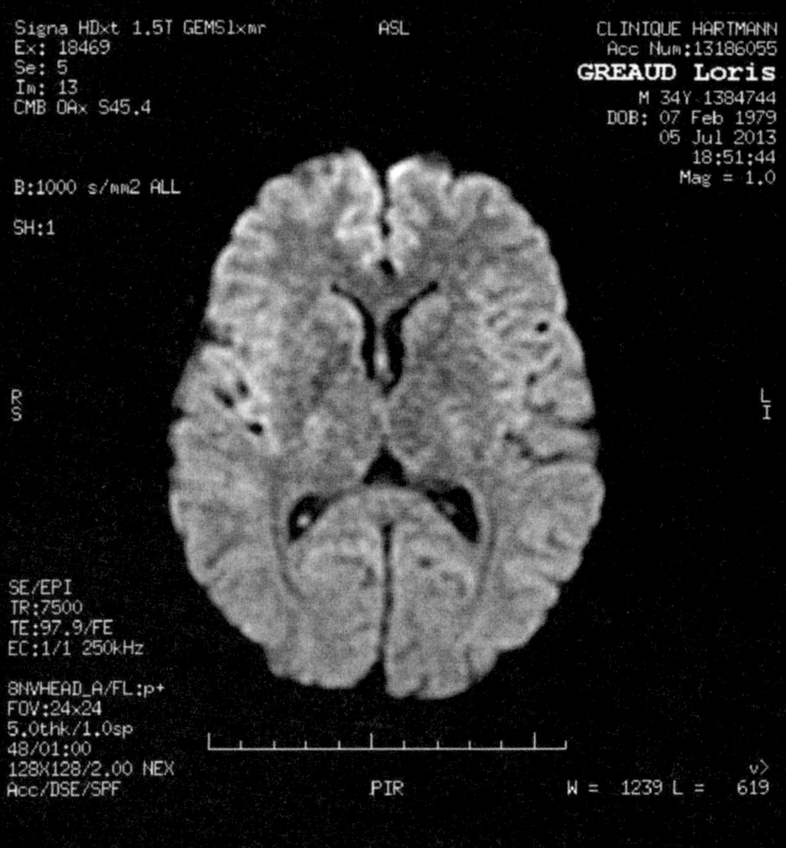

Signa HDxt 1.5T GEMS1xmr
Ex: 18469
Se: 5
Im: 13
CMB OAx S45.4
ASL
CLINIQUE HARTMANN
Acc Num:13186055
GREAUD Loris
M 34Y 1384744
DOB: 07 Feb 1979
05 Jul 2013
18:51:44
Mag = 1.0
B:1000 s/mm2 ALL
SH:1
R
S
L
I
SE/EPI
TR:7500
TE:97.9/FE
EC:1/1 250kHz
8NVHEAD_A/FL:p+
FOV:24x24
5.0thk/1.0sp
48/01:00
128X128/2.00 NEX
Acc/DSE/SPF
PIR
W = 1239 L = 619

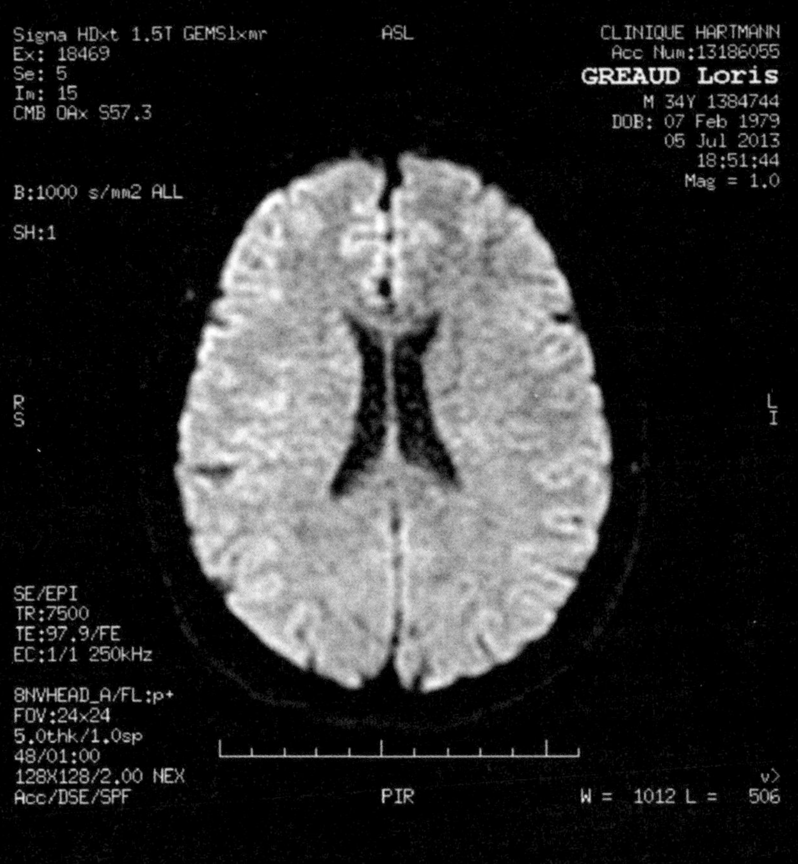

Signa HDxt 1.5T GEMSlxmr
Ex: 18469
Se: 5
Im: 15
CMB OAx S57.3
ASL
CLINIQUE HARTMANN
Acc Num:13186055
GREAUD Loris
M 34Y 1384744
DOB: 07 Feb 1979
05 Jul 2013
18:51:44
Mag = 1.0
B:1000 s/mm2 ALL
SH:1
R
S
L
I
SE/EPI
TR:7500
TE:97.9/FE
EC:1/1 250kHz
8NVHEAD_A/FL:p+
FOV:24x24
5.0thk/1.0sp
48/01:00
128X128/2.00 NEX
Acc/DSE/SPF
PIR
W = 1012 L = 506

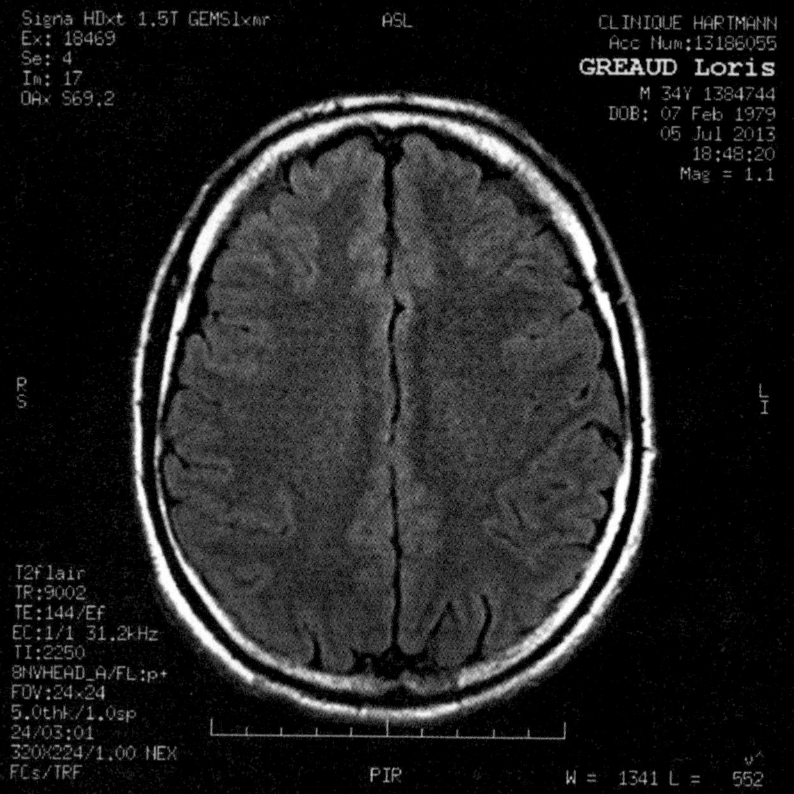

Signa HDxt 1.5T GEMS1xmr
Ex: 18469
Se: 4
Im: 17
OAx S69.2
ASL
CLINIQUE HARTMANN
Acc Num:13186055
GREAUD Loris
M 34Y 1384744
DOB: 07 Feb 1979
05 Jul 2013
18:48:20
Mag = 1.1
R
S
L
I
T2flair
TR:9002
TE:144/Ef
EC:1/1 31.2kHz
TI:2250
8NVHEAD_A/FL:p+
FOV:24x24
5.0thk/1.0sp
24/03:01
320X224/1.00 NEX
FCs/TRF
PIR
W = 1341 L = 552

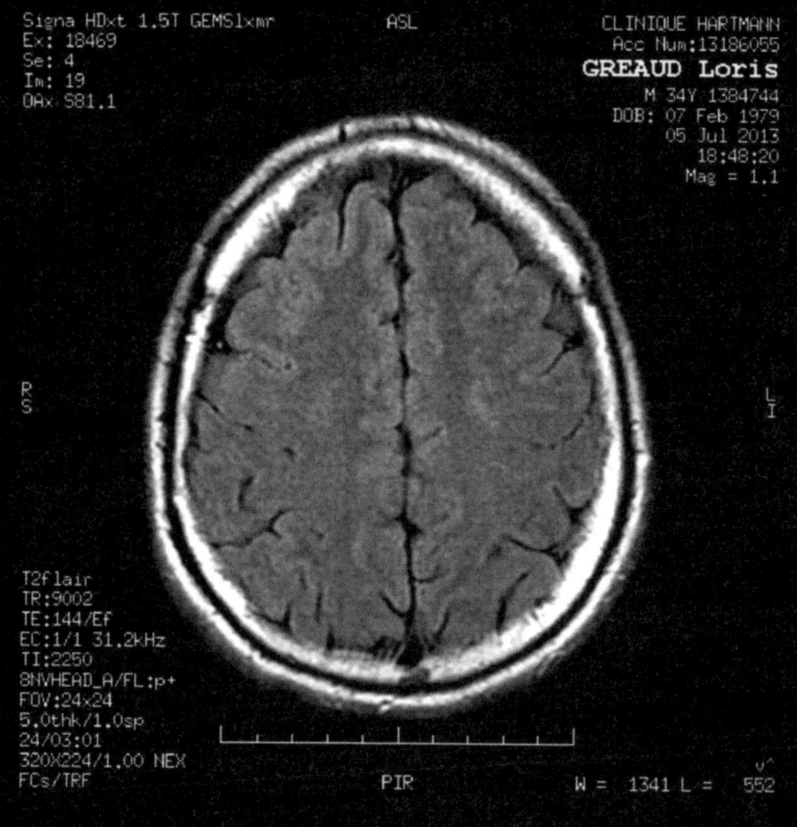

Signa HDxt 1.5T GEMSlxmr
Ex: 18469
Se: 4
Im: 19
OAx S81.1
ASL
CLINIQUE HARTMANN
Acc Num:13186055
GREAUD Loris
M 34Y 1384744
DOB: 07 Feb 1979
05 Jul 2013
18:48:20
Mag = 1.1
R
S
L
I
T2flair
TR:9002
TE:144/Ef
EC:1/1 31.2kHz
TI:2250
8NVHEAD_A/FL:p+
FOV:24x24
5.0thk/1.0sp
24/03:01
320X224/1.00 NEX
FCs/TRF
PIR
W = 1341 L = 552

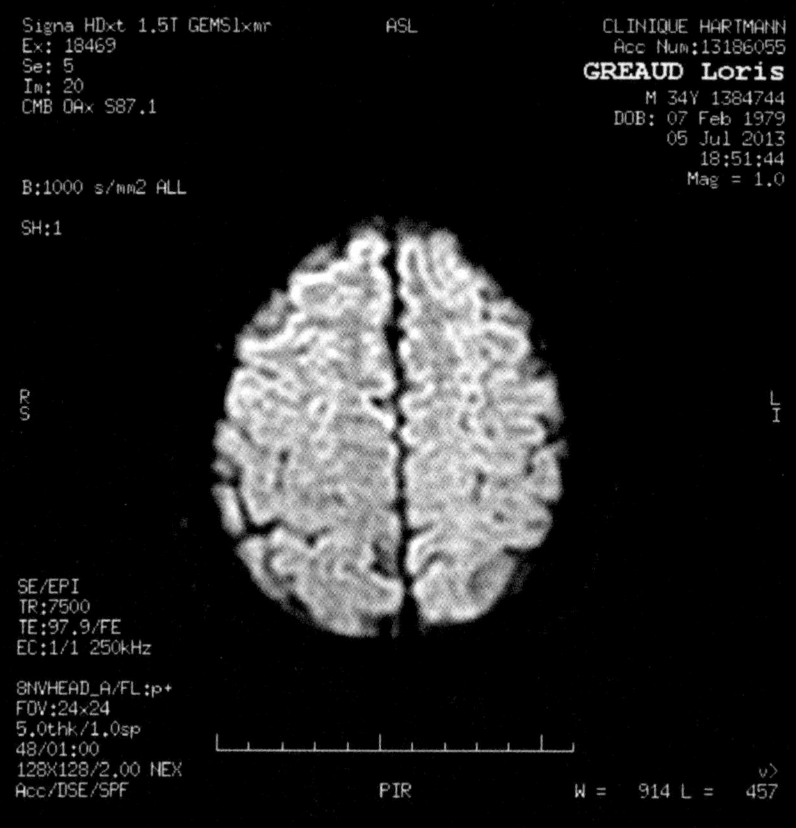

Signa HDxt 1.5T GEMSlxmr
Ex: 18469
Se: 5
Im: 20
CMB OAx S87.1
ASL
CLINIQUE HARTMANN
Acc Num:13186055
GREAUD Loris
M 34Y 1384744
DOB: 07 Feb 1979
05 Jul 2013
18:51:44
Mag = 1.0
B:1000 s/mm2 ALL
SH:1
R
S
L
I
SE/EPI
TR:7500
TE:97.9/FE
EC:1/1 250kHz
8NVHEAD_A/FL:p+
FOV:24x24
5.0thk/1.0sp
48/01:00
128X128/2.00 NEX
Acc/DSE/SPF
PIR
W = 914 L = 457

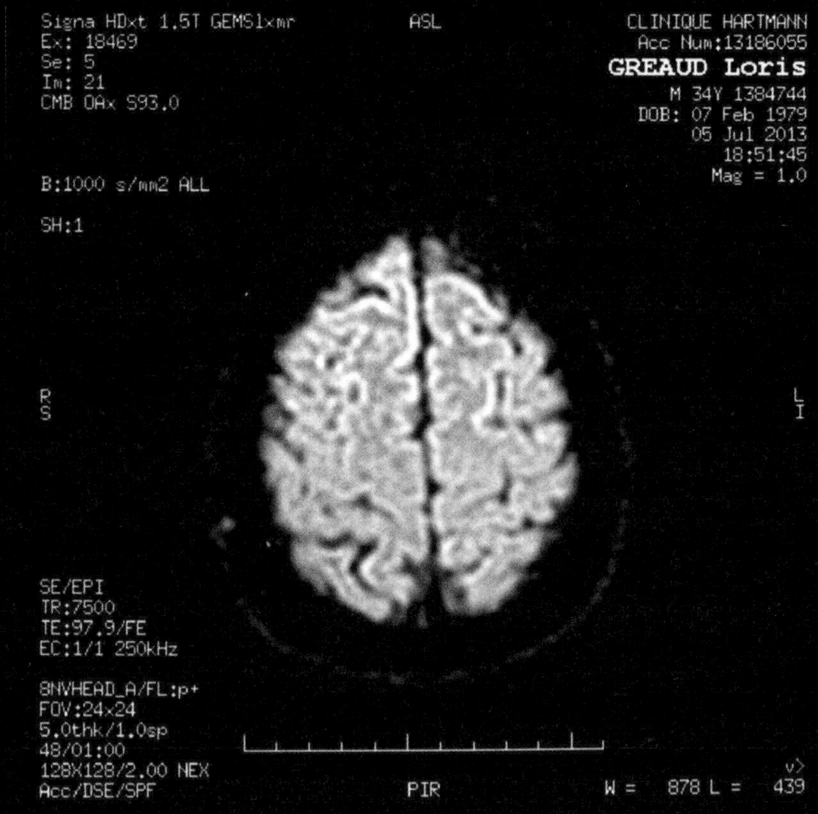

Signa HDxt 1.5T GEMS1xmr   ASL
Ex: 18469
Se: 5
Im: 21
CMB OAx S93.0

B:1000 s/mm2 ALL

SH:1

CLINIQUE HARTMANN
Acc Num:13186055
GREAUD Loris
M 34Y 1384744
DOB: 07 Feb 1979
05 Jul 2013
18:51:45
Mag = 1.0

R
S

L
I

SE/EPI
TR:7500
TE:97.9/FE
EC:1/1 250kHz

8NVHEAD_A/FL:p+
FOV:24x24
5.0thk/1.0sp
48/01:00
128X128/2.00 NEX
Acc/DSE/SPF

PIR   W = 878 L =   439

Signa HDxt 1.5T GEMSlxmr   ASL   CLINIQUE HARTMANN
Ex: 18469   Acc Num:13186055
Se: 5   **GREAUD Loris**
Im: 22   M 34Y 1384744
CMB OAx S99.0   DOB: 07 Feb 1979
                                                        05 Jul 2013
                                                          18:51:45
B:1000 s/mm2 ALL   Mag = 1.0

SH:1

R   L
S   I

SE/EPI
TR:7500
TE:97.9/FE
EC:1/1 250kHz

8NVHEAD_A/FL:p+
FOV:24x24
5.0thk/1.0sp
48/01:00
128X128/2.00 NEX
Acc/DSE/SPF   PIR   W = 909 L = 454

Signa HDxt 1.5T GEMSlxmr   ASL   CLINIQUE HARTMANN
Ex: 18469   Acc Num:13186055
Se: 5   **GREAUD Loris**
Im: 23   M 34Y 1384744
CMB OAx S104.9   DOB: 07 Feb 1979
                                                    05 Jul 2013
                                                      18:51:45
B:1000 s/mm2 ALL   Mag = 1.0

SH:1

R   L
S   I

SE/EPI
TR:7500
TE:97.9/FE
EC:1/1 250kHz

8NVHEAD_A/FL:p+
FOV:24x24
5.0thk/1.0sp
48/01:00
128X128/2.00 NEX
Acc/DSE/SPF   PIR   W = 912 L = 456

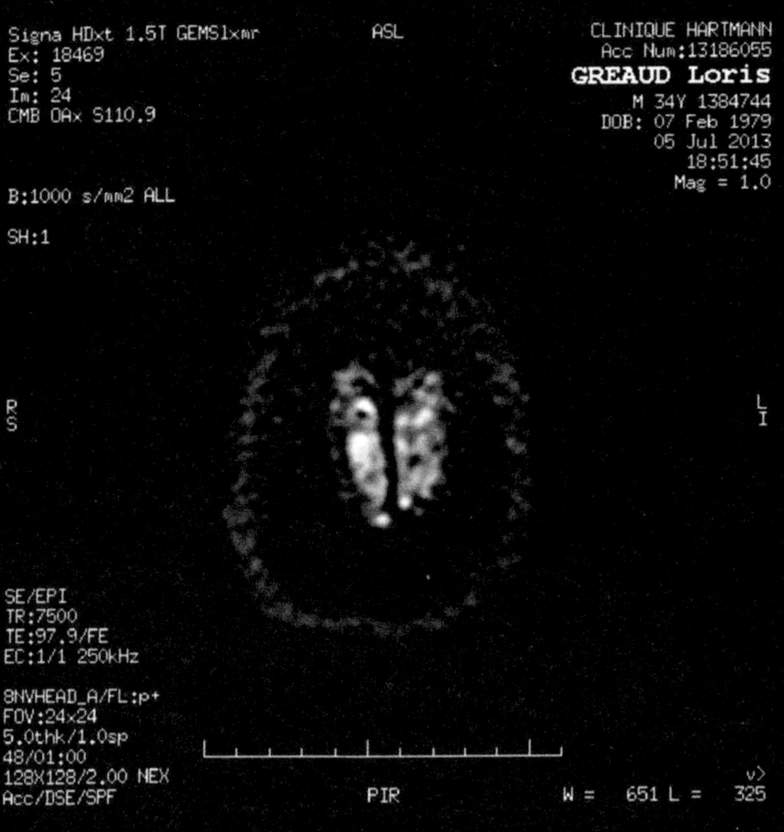

Signa HDxt 1.5T GEMS1xmr
Ex: 18469
Se: 5
Im: 24
CMB OAx S110.9
ASL
CLINIQUE HARTMANN
Acc Num:13186055
GREAUD Loris
M 34Y 1384744
DOB: 07 Feb 1979
05 Jul 2013
18:51:45
Mag = 1.0
B:1000 s/mm2 ALL
SH:1
R
S
L
I
SE/EPI
TR:7500
TE:97.9/FE
EC:1/1 250kHz
9NVHEAD_A/FL:p+
FOV:24x24
5.0thk/1.0sp
48/01:00
128X128/2.00 NEX
Acc/DSE/SPF
PIR
W = 651 L = 325

LORIS GRÉAUD
CROSSFADING

41 MINUTES 22 SECONDES

RECORD LIVE AT THE WHITNEY MUSEUM OF AMERICAN ART 2006

© ÉDITIONS DIS VOIR, 2015
1 CITÉ RIVERIN
75010 PARIS
WWW.DISVOIR.COM
ISBN 978-2-914563-75-8

AUDIO CD ZAGZIG009 © LORIS GRÉAUD
THE SOUND PIECE «CROSSFADING» WAS RECORDED LIVE AT THE
WHITNEY MUSEUM OF AMERICAN ART

PRINTED IN EUROPE BY
PETRO OFSETAS, LITHUANIA
DESIGNED BY
GREAUDSTUDIO - MINSK STUDIO